Semis magiques

Andrew Mikolajski

Semis magiques

Photographies de
Deirdre Rooney

MARABOUT

Introduction

La culture à partir de semis est toujours gratifiante. Tout part d'une graine minuscule, toute simple en apparence, mais dont la vitalité lui permettra de former des racines, des tiges et des feuilles et de reproduire son espèce.

Tous nous aimons les fleurs, mais les jardiniers aguerris apprennent à considérer la plante dans son entier. Ils surveillent de près son cycle annuel, des premières pousses tendres du printemps jusqu'au repos bien mérité de l'automne, et s'intéressent de près à la production des graines, processus vital pour la survie de l'espèce. Ils savent que la beauté des fleurs est éphémère alors que celle des fruits, plus subtile et plus singulière, prépare une nouvelle génération de plantes. Autre avantage et non des moindres : un jardin où graines et fruits abondent fait le bonheur des oiseaux et des insectes.

La germination des graines est un phénomène si naturel qu'il est étonnant que les jardiniers l'exploitent si peu. Certes, la plupart d'entre nous cultivons des annuelles et quelques légumes, mais ces cultures restent assez limitées si on veut bien envisager la grande diversité des espèces que nous pouvons reproduire à partir de semis : vivaces, arbustes, et même des arbres et des conifères.

Cet ouvrage vous guidera dans l'apprentissage de certaines techniques comme la récolte des graines, les semis, la stimulation de la germination ou la culture des plantules. Si vous êtes un néophyte, commencez par quelques légumes ou des annuelles dont vous pouvez vous procurer facilement les graines dans le commerce. Ce sont généralement des espèces faciles à cultiver. Plantez par exemple des haricots en terre à la fin de l'hiver, vous en récolterez plusieurs kilos quelques mois plus tard. Puis faites le tour de votre jardin à l'automne et récoltez les graines de vos plantes. Vous pouvez aussi solliciter vos voisins et vos amis : aucun jardinier digne de ce nom ne peut refuser de vous apporter son aide. Et pourquoi ne pas semer les graines des fruits que vous achetez ? Les résultats vous surprendront sans doute.

Qu'est-ce qu'une graine ?

Une graine est une plante qui attend son heure. Ce qui n'est tout d'abord qu'un embryon de plante est parfaitement programmé pour donner naissance à un arbre imposant ou à une mauvaise herbe éphémère. Il suffit de lui procurer de la chaleur, de l'humidité et de la lumière pour qu'elle puisse croître et embellir.

La croissance des plantes

Contrairement à l'être humain, les plantes ne connaissent pas d'arrêt de croissance. Chaque année, elles produisent de nouvelles pousses et de nouvelles feuilles, ainsi que des fleurs destinées à attirer les insectes pollinisateurs. La pollinisation a lieu quand les grains de pollen, qui produisent les cellules sexuelles mâles, sont transmis d'une fleur aux stigmates d'une autre fleur (ce sont les stigmates qui comportent les cellules sexuelles femelles). La production de graines est donc sexuelle, mais il s'agit de sexe par substitution, car elle résulte le plus souvent de l'activité d'un insecte. Le vent aussi peut se charger de transporter le pollen de plante en plante ; la fécondation se produit alors, la fleur fane et les graines se forment.

Les fruits

Les graines sont renfermées dans un fruit, ui est la partie de la plante qui se développe après la pollinisation. Mais le mot « fruit » ne se limite pas, dans ce contexte, à son emploi le plus courant qui désigne le fruit comestible : il s'applique plus largement à toute enveloppe de graines.
Il existe divers types de fruits. Les **fruits à pépins** sont fermes sans être ligneux et contiennent plusieurs graines. On compte dans cette catégorie les pommes et les poires, ainsi que nombre de fruits d'arbres d'ornement. Les **drupes** sont charnues et contiennent un noyau qui renferme lui-même une ou plusieurs graines. Les pêches, les prunes et les abricots sont des drupes, également appelés **fruits à noyau**. Bon nombre d'arbres et d'arbustes d'ornement forment leurs graines dans des **baies** charnues. (Le mot « baie » est appliqué de façon approximative à tout fruit charnu contenant une ou plusieurs graines.)
Les fruits de certaines plantes se dessèchent et se fendent pour libérer les graines.
Les légumineuses constituent une famille étendue de plantes qui forment des **gousses** allongées se desséchant avant de s'ouvrir ; tous les haricots, les pois et de nombreuses plantes ornementales comme les cytises, les lupins et les pois de senteur appartiennent à cette famille. Les cônes, fruits des conifères, sont généralement des structures ligneuses dont les écailles s'écartent pour laisser tomber les graines. Cette liste n'est pas exhaustive.

La dissémination des graines

Les plantes sont, par nature, incapables de se déplacer et elles doivent donc se reposer sur des agents extérieurs pour disperser leurs graines. De leur point de vue, elles ont tout intérêt à ce que les graines s'éparpillent sur la zone la plus étendue possible. Elles ont donc élaboré une multitude de stratégies visant à remplir cet objectif.
Le vent est le principal agent de dissémination. Par son action, des graines aussi fines que la poussière peuvent être facilement transportées d'un point à un autre. D'autres graines sont dotées d'ailes à la texture membraneuse ou d'aigrettes de poils

DANS LE SENS DES AIGUILLES D'UNE MONTRE, EN PARTANT DU HAUT À GAUCHE *Drupe (abricot) ; cône (pin) ; baies (*Pyracantha*) ; gousse (glycine) ; fruit à pépins (cognassier) ; fruit à aigrette (clématite).*

Les tailles des graines sont très variables d'une espèce à l'autre.

qui facilitent leur déplacement dans l'espace. Ce n'est pas un hasard si, dans de nombreuses régions du monde, la dispersion des graines coïncide avec la saison des bourrasques. Les tempêtes et les coups de vent qui ponctuent l'automne et le début de l'hiver permettent ainsi une dissémination à la fois efficace et très étendue qui favorise une large répartition des rejetons potentiels.
La dispersion des graines est une question de survie pour les espèces. Si les conditions locales changeaient radicalement et que toutes les plantes d'une espèce donnée venaient à disparaître, les graines, avec un peu de chance, pourraient atterrir à un endroit où l'environnement est plus favorable.
Le cas des graines renfermées par un fruit est encore différent. Il existe en fait deux scénarios pour leur dispersion : soit un animal goûte au fruit, ne le trouve pas à son goût et recrache les graines, soit il déguste le fruit et avale les graines. Celles-ci ne seront pas complètement digérées et elles seront, un peu plus tard, rejetées avec les déjections de l'animal à une certaine distance de la plante mère.
En pratique, il est rare que les graines se retrouvent dans une situation qui favorise la germination et la croissance. C'est pourquoi les plantes ont tendance à produire des graines en abondance. Une vraie bénédiction pour les jardiniers...

Dormance et viabilité

Toutes les graines sont en dormance et attendent des conditions spécifiques pour se développer. La germination ne se déclenche que lorsqu'elles sont arrivées à maturité et que le milieu ambiant est approprié. La graine contient des substances chimiques qui inhibent la germination et elle peut être enveloppée d'une pellicule protectrice qui bloque son développement. Mais cette protection est vitale pour la survie de l'espèce

Espèces, cultivars et hybrides

Une espèce est une plante qui existe telle quelle dans la nature. Les noms d'espèces sont toujours écrits en caractères italiques (*Berberis darwinii* par exemple). Toutes les espèces peuvent être multipliées par semis.
Les plantes issues d'une sélection horticole présentent parfois des caractères distinctifs et sont appelées cultivars (contraction de l'anglais *cultivated variety*, variété cultivée) ou, plus communément, variétés. *Berberis darwinii* 'Flame' est globalement identique à l'espèce, mais ses feuilles sont plus larges et ses fleurs plus richement colorées. Si vous récoltez ses graines, les plantules obtenues ressembleront vraisemblablement à la plante sauvage et non à 'Flame'.
Il arrive que des espèces s'hybrident. *Berberis* x *lologensis* (le « x » signale un hybride) est le fruit d'un croisement entre *Berberis darwinii* et *Berberis linearifolia*. Les plantules issues de semis seront similaires à l'un des deux parents. Les hybrides ne peuvent être multipliés à partir de graines.
Les sélectionneurs créent de nouvelles plantes en croisant systématiquement des espèces et des hybrides. Vous reconnaîtrez ces plantes à leur nom, composé d'un mot latin suivi d'un nom entre guillemets, par exemple *Rosa* 'Queen Elisabeth'. Elles ne peuvent être multipliées à partir de graines.

à long terme. De nombreuses graines restent ainsi au repos des années durant, attendant des conditions favorables. Attention cependant aux graines en sachet : si la date de péremption figurant sur l'emballage est dépassée, rien n'empêche de les semer, mais il est probable que le taux de réussite reste assez faible.

La variabilité génétique

Certaines espèces sont d'une grande stabilité génétique. En pratique, cela signifie que tous les sujets issus de semis ont un aspect identique ; il est donc presque impossible de les distinguer les uns des autres. D'autres espèces sont moins stables et les plantules présentent des différences parfois importantes, qu'il s'agisse de la taille de la plante, de la couleur des fleurs ou de qualités intrinsèques comme la rusticité ou la résistance aux maladies. L'incertitude quant au résultat final est l'un des aspects excitants des semis. *Helleborus orientalis*, par exemple, offre une large palette de teintes : blanc, crème, rose, rouge cerise et violet, et l'on attend ses premières fleurs avec impatience...

Les variétés souches

Pour les plantes dont la durée de vie est brève, autrement dit les annuelles, il est possible d'isoler des gènes et de renforcer des caractères génétiques souhaités par des croisements répétés de plantes les présentant. Alors que l'espèce reste soumise à des variations, les producteurs de graines ont obtenu des variétés souches relativement uniformes grâce à des sélections rigoureuses et à des programmes de culture spécifiques. Par exemple, le célèbre tabac *Nicotiana* x *sanderae* est issu d'un croisement entre *N. alata* et *N. forgetiana*. Les fleurs de cet hybride peuvent être rouges, roses, violettes ou blanches. Un travail rigoureux sur le groupe a permis d'isoler des variétés souches naines et d'autres dont la couleur des fleurs est fixée.

Les hybrides F1 et F2

Il est fréquent de trouver la mention F1 sur des emballages de graines d'annuelles hybrides, plus rarement la mention F2. Les hybrides F1 sont obtenus par croisement de deux parents issus de la même souche en vue d'atteindre une homogénéité optimale. Ces hybrides sont plus coûteux mais cette dépense est justifiée, surtout si vous êtes néophyte en matièrede semis. Ils germent sans se faire prier et les résultats sont souvent excellents.
Les F2 sont des hybrides de deuxième génération produits par croisement entre des hybrides F1 ou avec une autre souche. L'homogénéité et la vigueur des plants sont moins constantes que celles des F1.

La germination

La naissance d'une plante est un processus complexe qui se déroule en majeure partie sous terre et ne peut donc être observé par le jardinier. Au fur et à mesure que la graine se gorge d'eau, elle gonfle et le tégument se ramollit. La première racine qui le perce est la radicule. Puis apparaissent les cotylédons, sans ressemblance réelle avec la feuille de la plante adulte et qui n'atteignent même pas toujours la surface du sol. Ils constituent une réserve alimentaire qui permet à l'embryon de plante de survivre. Enfin émergent les premières feuilles véritables.

À GAUCHE *Un haricot en dormance.*
À DROITE *Apparition de la première feuille peu après celle de la radicule.*

Allium

Outils et équipement

Si un certain nombre de graines peuvent germer et poursuivre leur croissance en extérieur (voir « Récolter, préparer et semer », page 20), la plupart des jardiniers préfèrent suivre l'évolution des jeunes plantes issues de semis dans des conditions maîtrisées. Pour vous aider dans cette phase, voici l'équipement dont vous aurez besoin.

Les contenants

On trouve une gamme étendue de pots et de contenants appropriés aux semis. La terre cuite a longtemps été le matériau de prédilection, mais elle est maintenant remplacée par le plastique, qui présente le double avantage d'être léger et facile à nettoyer. Une qualité essentielle car les jeunes plants sont sujets aux maladies et exigent quelques précautions d'hygiène.

Vous avez le choix entre les pots et les caissettes (ou terrines). Si vous cultivez un nombre limité de plantes, optez pour les pots. Ne les choisissez pas trop larges ni trop hauts pour éviter que ne se forme au fond un amas de terreau détrempé que les racines du jeune plant n'atteindront pas. Les caissettes sont idéales si vous semez des graines fines en quantité. Les caissettes à alvéoles sont recommandées dans le cas des graines assez grosses qui seront semées et cultivées individuellement.

Vous pouvez aussi vous procurer des pots en tourbe dont l'intérêt n'est pas à négliger : les racines, en effet, peuvent traverser ce matériau en se développant, permettant ainsi au jardinier d'apprécier quand le moment est venu pour la plantule d'être rempotée ou repiquée. Inutile de dégager le plant : contentez-vous de le rempoter avec son pot de tourbe, qui ensuite se décomposera rapidement. Ces contenants sont particulièrement recommandés pour les plants dont les racines ne supportent pas d'être dérangées. En revanche, ils se dessèchent assez rapidement et doivent être arrosés régulièrement, donc maintenus humides en permanence. C'est pourquoi ils ne conviennent pas aux bulbes ni aux plantes qui exigent un drainage rapide ; pour ceux-ci, préférez le plastique.

Les pots étroits et hauts, ou pots à muguet, les tubes en papier et les modules longs sont destinés aux plantes à racines longues ou à racine pivotante. On les utilise fréquemment pour les pois de senteur, les tomates et autres plantes dont le système radiculaire se développe rapidement en profondeur. Les pots ordinaires peuvent néanmoins convenir, si vous hésitez à multiplier les types de contenants.

Les terreaux

La plupart des jardiniers utilisent pour toutes leurs cultures (plantes en pots ou en suspensions, boutures, semis) des mélanges sans terre universels. Ces terreaux sont bon marché et faciles à se procurer, mais ils ont leurs limites. La majorité d'entre eux sont à base de tourbe. Outre le problème écologique (la tourbe n'est pas une ressource renouvelable), ces terreaux utilisés comme support de culture présentent l'inconvénient de retenir l'humidité. Cela est sans dommage pour la majorité des graines mais risque néanmoins de provoquer une fonte des semis (voir « Les problèmes des semis », page 189). En outre, les graines à germination lente sont menacées de pourriture. La tourbe est donc déconseillée pour les plantes qui aiment la sécheresse, comme les cactées, les alpines et la majorité des plantes originaires de la région méditerranéenne et du Moyen-Orient. Quant aux mélanges à base de fibre de coco,

DANS LE SENS DES AIGUILLES D'UNE MONTRE, EN PARTANT DE LA GAUCHE *Terrines et pots en tourbe ; caissettes alvéolées ; perlite, vermiculite, gravillons, substrat ; modules et tubes pour pois de senteur.*

généralement recommandés aux jardiniers qui ne veulent pas utiliser la tourbe, ils peuvent retenir encore plus l'humidité que cette dernière. On peut pallier cet inconvénient en mélangeant ces supports avec du gravillon horticole, de la perlite ou de la vermiculite, dans la proportion d'une dose de l'un de ces matériaux pour trois doses de support à base de tourbe ou de fibre de coco.
Les mélanges à base de terre, plus lourds et plus drainants, ont souvent la préférence des jardiniers, car les résultats sont plus fiables ; il est toutefois possible de les remplacer par un mélange sans terre.
Les terreaux de semis, comme leur nom l'indique, sont formulés spécifiquement pour cette phase de culture. Pauvres en éléments nutritifs, ils ne suffisent pas à la croissance de la plante. Lorsque vous rempotez les plantules, choisissez le terreau de rempotage approprié au type de la plante. L'utilisation du terreau est indiquée sur l'emballage : annuelles, vivaces, bulbes, arbres et arbustes... Ajoutez du gravillon, de la perlite ou de la vermiculite pour les bulbes et autres plantes demandant un bon drainage.

Les serres de multiplication

Bon nombre de plantes prospèrent en extérieur ou sur un rebord de fenêtre, mais si vous souhaitez donner un bon départ à vos semis et cultiver des espèces très variées, n'hésitez pas à investir dans une serre de multiplication. Il s'agit d'une sorte de caissette dotée d'un couvercle qui fournit une atmosphère chaude et humide propre à accélérer la germination et la croissance des semis. Une croissance rapide après la germination évite la fonte des semis (voir « Les problèmes des semis », page 189).
Si vous semez quelques graines dans des pots, contentez-vous de les couvrir d'un sac en plastique transparent ou munissez-vous de caissettes à semis dotées d'un couvercle en plastique transparent. Ce couvercle augmente le taux d'humidité et la température, mais seulement de quelques degrés. Il est donc préférable d'attendre le début du printemps pour les utiliser, quand les graines ne demandent qu'une légère élévation de température pour germer. Vous pouvez placer ces caissettes à proximité d'une source de chaleur, par exemple au-dessus d'un radiateur, en prenant soin toutefois de tourner régulièrement la caissette pour assurer un chauffage homogène (la chaleur est en effet toujours dégagée dans la même direction).
Une autre solution consiste à vous équiper d'une serre de multiplication chauffée, que vous brancherez sur une prise électrique. Le couvercle est généralement doté d'aérateurs qui permettent de réguler la température et l'hygrométrie. Les modèles les plus sophistiqués comportent même un thermostat. Cet investissement deviendra vite intéressant si vous cultivez beaucoup de plantes gélives, dont les graines exigent plusieurs semaines de température élevée pour germer.

Les châssis froids

Un châssis froid est une serre miniature d'environ 1 m^2 ou plus. Ses parois en briques ou en bois supportent un couvercle en verre ou en plastique transparent très résistant. Le châssis froid est conçu pour protéger des gelées les semis et les jeunes plantes. Il procure également un milieu favorable à la germination des plantes rustiques. Pour une utilisation optimum, placez-le dans un site abrité, à l'extérieur, en prenant soin de ne pas l'exposer directement au soleil pour éviter de brûler les jeunes pousses. En règle générale, l'idéal est de l'accoter à un mur de la maison ou d'une serre.

Les étiquettes

Accompagnez chaque semis d'une étiquette portant le nom de la plante et la date de semaison. Cette précaution est essentielle si vous cultivez des espèces variées car les plantules ont souvent tendance à se ressembler. Le rappel de la date est vital dans le cas des graines à germination lente : vous ne vous avouerez vaincu que lorsque le délai de germination sera largement dépassé...

Le plantoir

C'est un petit ustensile astucieux et très utile. Pour les grosses graines, un crayon ou une baguette chinoise suffisent pour faire un trou dans le substrat, mais le plantoir s'impose pour repiquer les semis en extérieur. C'est l'outil idéal pour creuser rapidement des trous du diamètre et de la profondeur appropriés.

Le thermomètre de sol

Si vous semez en extérieur après une période de froid (au début du printemps), vous pouvez sonder la température du sol pour vérifier qu'il est assez chaud. Cette précaution n'est cependant pas impérative dans ce cas précis car, si la terre est trop froide, les graines attendront tout simplement qu'elle s'élève avant d'entrer en germination.
En revanche, le thermomètre est beaucoup plus indispensable pour les semis sous abri vitré car il permet de surveiller attentivement les conditions de germination et de développement des jeunes plantes.

Les engrais

Si vous poursuivez la culture des plantules en contenants pendant plus de six semaines, vous devrez apporter de l'engrais car elles auront alors consommé tous les éléments nutritifs contenus dans le substrat. Appliquez un engrais complet toutes les deux à trois semaines, de préférence sous forme liquide de façon à tremper les racines. Sur les très jeunes plantules, divisez par deux la dose préconisée. Les engrais organiques à base d'algues conviennent parfaitement aux cultures de légumes.
Pour les arbres, les arbustes et les grimpantes qui séjournent en bacs deux ans ou plus, vous gagnerez du temps en appliquant un engrais à libération lente ; vous enfouirez les granulés par un griffage superficiel. Appliquez l'engrais dès le démarrage de la saison de croissance, en début de printemps, avec un petit supplément du début au milieu de l'été.
Les plantes dont vous souhaitez stimuler la floraison, comme les annuelles, tireront profit d'un engrais pour tomates, à teneur plus élevée en potassium.

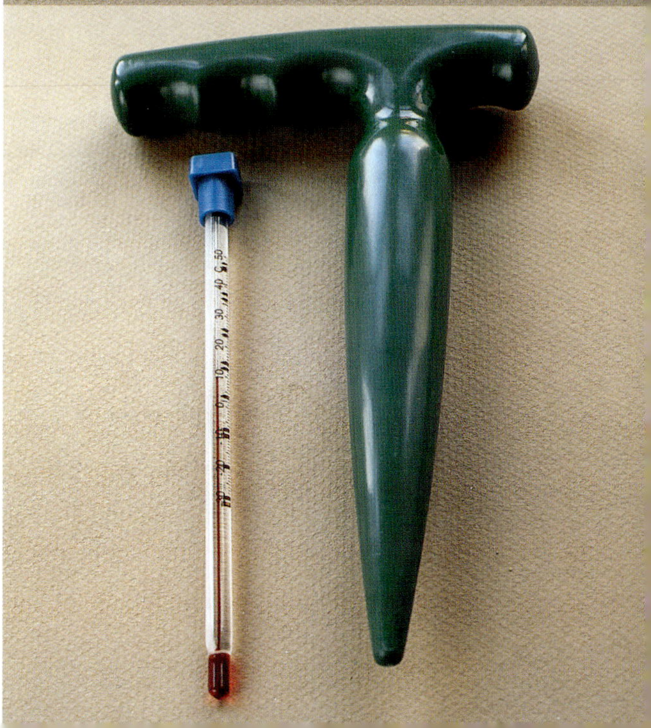

DE HAUT EN BAS *Terrine à semis avec couvercle ; étiquettes ; thermomètre et plantoir.*

Récolter, préparer et semer

Laissées à elles-mêmes, les plantes se ressèment sans intervention humaine. Mais les jardiniers adorent prendre la direction des opérations, accélérer si possible le processus de germination et décider eux-mêmes des végétaux ayant droit de cité dans leur domaine.

Acheter

Les jardineries, surfaces de bricolage et supermarchés proposent de graines d'annuelles, de bisannuelles et de légumes. Mais le choix est plus large dans les catalogues de producteurs. La plupart des sélectionneurs-producteurs introduisent de nouvelles variétés tous les ans et la commande par correspondance est la meilleure assurance de qualité. Les nouveautés étant plus difficiles à trouver, il est prudent de passer commande assez tôt.

Des graines de vivaces sont aussi vendues dans le commerce, mais à une échelle moins importante, et vous aurez probablement du mal à trouver des graines d'arbres et d'arbustes dans une jardinerie ordinaire. Adressez-vous alors aux producteurs spécialisés ou contactez les associations et les clubs de jardinage qui procèdent à des échanges. Sans négliger toutes les ressources d'Internet...

Récolter

Plutôt que d'acheter des graines, la récolte est une solution plus gratifiante et moins coûteuse.

Le jeu en vaut-il la chandelle ?

En un mot, oui, mais toutes les graines du jardin ne sont pas exploitables. S'il s'agit d'une espèce, n'hésitez pas. S'il s'agit d'une variété cultivée, vous pouvez récolter les graines et les semer, mais le résultat ne sera pas fidèle au type de la plante mère. Selon la configuration du patrimoine génétique, vous obtiendrez une plante identique à l'espèce que l'on rencontre dans la nature ou l'une de ses formes (voir « Espèces, cultivars et hybrides », page 10).

Il est cependant inutile de récolter les graines des plantes hybrides à parenté complexe.

Ce principe s'applique à bon nombre d'annuelles, mais aussi aux roses, aux camélias, aux rhododendrons et aux narcisses.

Faut-il ou non supprimer les fleurs fanées

La suppression des fleurs fanées, avant la formation des graines, est généralement considérée comme une bonne pratique de culture. Elle favorise la prolongation de la floraison ou incite la plante à concentrer son énergie sur la production de nouvelles pousses qui fleuriront l'année suivante. Car la grenaison est un processus épuisant pour la plante ; dans le cas des annuelles, elle précipite leur fin.

Vous limiterez les dégâts grâce à une démarche sélective. Si vous souhaitez obtenir des graines d'une plante ou d'un groupe de plantes, laissez quelques fleurs accomplir leur cycle naturel et supprimez les autres quand elles sont fanées. Chaque fleur forme une profusion de graines. Les arbustes à baies décoratives (cotonéasters, berbéris, *Pyracantha* et sorbiers, par exemple), qui permettent aux oiseaux de se nourrir en hiver, sont une exception à la règle. Dans leur cas précis, rabattez une partie des nouvelles pousses en milieu d'été, de façon à ce que les baies soient exposées au soleil pour atteindre leur pleine maturité.

La récolte

Les fruits doivent pouvoir se développer complètement sur la plante avant d'être récoltés, sinon les graines ne peuvent pas atteindre leur pleine maturité.

Les graines issues de capsules

Dans le cas des capsules qui se dessèchent au fur et à mesure que les graines mûrissent, la récolte doit avoir lieu quand elles sont sur le point de s'ouvrir. Elles atteignent ce stade à partir du milieu de l'été, en fonction du moment de floraison de la plante ainsi que de la chaleur et de la sécheresse qui ont suivi cette floraison.

1 Coupez les tiges fructifères quand elles commencent à se dessécher. Il s'agit ici d'*Iris sibirica*.

2 Enveloppez les têtes fructifères de papier opaque et suspendez-les, tête en bas, dans un endroit chaud et aéré, où elles finiront de sécher. Vous récupérerez les graines dans un sac quand les capsules s'ouvriront.

Les graines de baies charnues

Ces baies ne doivent être cueillies que lorsqu'elles sont parfaitement mûres, généralement entre le milieu et la fin de l'automne. Si possible, attendez les premières gelées, qui dessèchent l'enveloppe charnue. Pour les semer, vous devez extraire les graines des baies.

1 Prélevez des grappes sur la plante quand les baies sont à maturité, généralement pas avant le milieu de l'automne. Les baies présentées ci-contre sont des fruits de *Pyracantha*.

2 Écrasez les baies entre le pouce et l'index pour extraire les graines.

3 Rincez les graines à l'eau tiède pour éliminer toute trace de pulpe.

4 Séchez les graines sur du papier absorbant. Elles sont alors prêtes pour la conservation ou pour le semis (voir « La conservation des graines », page 23).

Lever la dormance

Le simple fait de semer des graines suffit souvent à lever la dormance. Mais pour de nombreuses plantes rustiques, un traitement préparatoire est nécessaire pour déclencher ou accélérer la germination.

La stratification

Les graines de certaines plantes exigent une exposition au froid, généralement 0,5 à 5 °C, pour sortir de leur dormance. Si vous habitez dans une région froide, il suffit de semer comme à l'accoutumée, puis de placer les contenants à l'extérieur. Cette méthode ne garantit pas néanmoins une exposition assez longue à la température appropriée. Pour augmenter les chances de germination, mettez les graines dans un sac en plastique transparent, avec de la tourbe humidifiée, de la perlite ou de la vermiculite, apposez une étiquette mentionnant le nom de la plante et la date puis placez le sac au réfrigérateur. Vérifiez l'état des graines au bout de quatre semaines. Si elles commencent à germer, procédez au semis (voir « Le semis », page 25). Remettez au réfrigérateur celles qui ne montrent encore aucun signe de germination. La majorité des graines demande une exposition au froid de six à huit semaines, parfois jusqu'à douze semaines. Semez toutes les graines au bout de douze semaines, qu'elles aient ou non germé dans le réfrigérateur.

La conservation des graines

Il est généralement préférable de semer des graines fraîches, mais si vous les conservez, elles resteront en sommeil. Les graines stockées doivent être bien sèches et le rester. Vous les garderez dans des enveloppes en papier ou dans des bocaux en verre hermétiques, dans un endroit frais et obscur (le bac à légumes du réfrigérateur est idéal).

EN HAUT *Stratification (graines et perlite).*

EN BAS *Trempage de graines de légumineuses.*

Le trempage

On peut lever la dormance des graines de certaines légumineuses, comme les lupins ou les pois de senteurs, en les trempant dans de l'eau très chaude (mais non bouillante) 24 heures avant le semis. Veillez à ne pas prolonger davantage le trempage, car les graines risquent alors de pourrir.
Le trempage n'est pas toujours nécessaire, mais si vous récoltez des graines après un été long, chaud et sec, le tégument risque d'être anormalement coriace.

La scarification

Chez certaines plantes, le tégument coriace de la graine agit comme une barrière physique qui l'empêche d'absorber l'eau et de germer. La châtaigne (*Castanea*) en est un exemple probant, et la scarification est la seule méthode pour entamer l'enveloppe.
Il existe différentes techniques de scarification. Sur les grosses graines comme le gland, vous entaillerez le tégument avec un couteau bien aiguisé. Veillez cependant à ne pas abîmer l'embryon. Vous pouvez également frotter les graines plus petites entre des feuilles de papier de verre. Une autre méthode consiste à mélanger les graines et du sable grossier dans un bocal couvert et à agiter vigoureusement. Ceci convient aux graines qui sont trop petites pour être manipulées individuellement.
Les graines ainsi traitées peuvent ensuite être semées selon les indications qui suivent.

Quand semer ?

En règle générale, pour les graines récoltées dans le jardin, il est préférable de les semer aussitôt. Certains jardiniers préfèrent cependant les entreposer pendant l'hiver puisqu'elles ne germeront qu'au printemps.
Traditionnellement, le printemps est la saison des semis annuels, mais un nombre croissant de jardiniers optent aujourd'hui pour les semis d'automne. Cette pratique implique un léger surcroît de travail car les plantules doivent être protégées pendant l'hiver, mais elle permet d'obtenir des plantes vigoureuses à replanter plus tôt le printemps suivant ou de savourer des

Les semis en place

Cette méthode consiste à semer les graines à l'endroit où elles sont destinées à se développer. Elle est généralement appliquée aux légumes et parfois aux plantes ornementales.

Pour préparer le sol, retournez-le à la fourche, retirez toutes les grosses pierres et éliminez tout fragment de mauvaise herbe. Vous pouvez amender le sol en incorporant du fumier ou du compost de jardin. Vous enrichirez la terre en apportant un engrais complet à libération lente, sous forme de granulés. Ratissez ensuite la surface pour obtenir une texture fine.

La méthode la plus classique au potager est le semis en lignes. Délimitez la ligne à l'aide d'un cordeau tendu le long de piquets. Selon la taille des graines, vous les épandrez en surface ou vous creuserez un petit sillon avec le dos du râteau.

S'il s'agit de graines du commerce, l'emballage vous indiquera la distance à respecter entre les plantes adultes. Si elles sont assez grosses, semez en fonction de l'espacement nécessaire. Plutôt que de vous fier à votre instinct, tendez un mètre le long du sillon ou marquez les distances sur un bambou posé au sol.

Si les graines sont très fines, placez-les dans votre paume et prélevez des pincées entre le pouce et l'index de l'autre main. Répartissez-les avec légèreté le long du sillon. Vous éclaircirez les plantules dès qu'elles seront de taille à être manipulées. Soyez impitoyable, même si elles paraissent toutes saines, sinon elles s'étoufferont mutuellement.

salades tout au long de l'hiver. Le secret consiste à fournir aux semis une température assez élevée pour qu'ils ne meurent pas, mais pas trop chaude pour éviter qu'ils développent des pousses faibles et sujettes à la maladie.
Il n'y a donc véritablement pas de saison où les semis sont impossibles, mais il est préférable de choisir les périodes plus favorables (printemps et automne) et d'éviter les périodes plus risquées (été et hiver).

Les semis

Emplissez les pots ou terrines d'un support de culture approprié et tassez légèrement ce dernier pour niveler la surface. Arrosez généreusement ; l'objectif est d'imbiber le terreau, et non pas de l'humidifier en surface. Attention cependant à ne pas l'inonder complètement, ce qui le rendrait trop compact. Arrosez avec une pomme fine ou baignez les contenants dans un récipient peu profond et laissez le terreau s'imprégner par capillarité. L'humidité doit être homogène à la surface. Laissez égoutter complètement avant de procéder au semis.
En règle générale, les graines doivent être recouvertes d'une couche de terreau égale à leur propre épaisseur. Si elles sont assez grosses, comme celles des capucines, creusez un trou à l'aide d'un plantoir, déposez la graine et recouvrez de terreau. Sinon, enfoncez légèrement les graines dans le terreau, puis recouvrez-les d'une couche de terreau frais de l'épaisseur appropriée.
Les graines fines peuvent être disséminées à la surface. Semez clair et de façon homogène, tassez très légèrement pour une bonne adhésion au terreau, puis saupoudrez d'une mince couche de terreau. En fait, il est généralement plus facile

DE HAUT EN BAS *Entaillez au couteau le tégument coriace des fruits comme la châtaigne ; frottez les grosses graines de légumineuses avec du papier de verre ; mélangez les petites graines à du sable grossier dans un bocal fermé et agitez.*

de semer sur une fine couche de vermiculite car on y distingue mieux les petites graines de couleur sombre que sur le terreau.
Arrosez à nouveau avec une pomme fine ou un vaporisateur. Laissez égoutter avant de déplacer les contenants. Il ne sera plus nécessaire d'arroser jusqu'à la germination. Pour élever la température autour des graines et stimuler la levée, placez les contenants dans une serre de multiplication ou sous un châssis froid, selon les plantes. Vous pouvez couvrir les pots d'un sac en plastique transparent. Il n'y a aucun inconvénient à faire germer en extérieur les annuelles semées à la fin du printemps ou au début de l'été.

Le repiquage

Voir émerger du terreau les premières feuilles d'un semis est une expérience très excitante. À ce stade, les plantules sont trop petites et trop délicates pour être manipulées. Attendez, pour les repiquer, que les vraies feuilles soient apparues. Commencez alors par emplir les pots ou terrines du terreau approprié, arrosez et laissez égoutter. Déterrez les plantules en les tirant très délicatement par les feuilles. Au besoin, aidez-vous du plantoir pour dégager les racines. Creusez des trous dans le terreau avec le plantoir et insérez une pousse par trou. Tassez légèrement le terreau du bout des doigts, puis arrosez avec un vaporisateur ou un arrosoir muni d'une pomme fine. Les jeunes plantes se flétriront peut-être au démarrage, mais elles se remettront très vite.
Les racines de certaines plantules, à l'instar des pois de senteur (*Lathyrus odoratus*), souffrent d'être dérangées et doivent donc poursuivre leur croissance dans le même contenant. Attendez, pour les transplanter, qu'elles soient assez robustes pour prospérer dans leur site définitif de floraison.

La rusticité des plantes

Les plantes résistant à des températures inférieures à 0 °C sont qualifiées de rustiques. Cependant, cette rusticité est relative et dépend du climat local. Dans un jardin chaud et abrité, des plantes qui seraient censées ne pas survivre à un hiver rigoureux s'en tirent en réalité sans dommage.

- Les plantes présentées dans cet ouvrage supportent normalement plusieurs degrés en dessous de zéro, à l'exception de celles mentionnées dans la section « Jardin d'intérieur », qui sont toutes gélives. Certains légumes sont également gélifs et les stratégies permettant de les cultiver avec succès sous climat froid sont précisées.

- Les annuelles sont généralement classées en espèces rustiques ou semi-rustiques. La plupart des rustiques peuvent lever et se développer en extérieur. La deuxième catégorie ne doit être plantée en pleine terre que lorsque tout risque de gel est écarté, généralement à la fin du printemps.

- Toutes les plantules et jeunes plantes sont sensibles au gel, même si elles sont rustiques à l'âge adulte. Elles exigent donc d'être protégées pendant l'hiver ou par temps froid. Cette précaution s'applique notamment aux annuelles et bisannuelles semées en automne.

- Si vous résidez dans une région aux froids rigoureux, il est préférable de stocker en hiver les graines des plantes à la limite de la rusticité et de les semer au printemps. Elles peuvent certes germer en automne, mais les plantules seront davantage menacées par le gel que celles des plantes franchement rustiques et elles demanderont un supplément de protection.

Les soins

Si vous cultivez les jeunes pousses dans du terreau, vous devrez faire un apport d'engrais pour garantir leur vigueur et les amener le plus rapidement possible à la taille de floraison. La plupart des terreaux comportent certes un engrais, mais la plante l'épuise vite. Il est donc indispensable de compléter cet apport pendant la saison de croissance.

Durant cette période, arrosez régulièrement les plantules et veillez à ce qu'elles jouissent d'un éclairage adapté. Vous devrez peut-être procéder à un rempotage avant la plantation définitive. L'objectif est d'obtenir des petites plantes robustes et bien pourvues en feuilles. Les annuelles atteignent normalement 7,5 cm, les vivaces jusqu'à 15 cm. Il est peu probable que les semis de plantes ligneuses soient en état d'être installés en pleine terre avant l'âge de trois ans environ.

L'endurcissement

Dans le cas des semis en serre de multiplication, il vous faudra les acclimater à la vie au grand air dès qu'ils commenceront à se développer vigoureusement. Baissez progressivement la température de la serre, soit en réglant le thermostat, soit en ouvrant les aérateurs du couvercle. Au bout de quelques jours, vous retirerez le couvercle pour des périodes de plus en plus longues. Vous pourrez bientôt sortir les pots à l'extérieur dans la journée, sans oublier de les rentrer le soir.

Si la levée s'est déroulée à l'extérieur, dans des contenants, placez ces derniers sous châssis froid la nuit (et dans la journée s'il y a le moindre risque de gel). En cas de refroidissement soudain qui se prolongerait plusieurs jours, ne les sortez pas du châssis froid.

EN HAUT *Plantules de persil prêtes pour le repiquage.* EN BAS *Les plantules plus importantes peuvent être rempotées dans des pots individuels.*

Les arbres, arbustes et grimpantes

Berberis
Cedrus atlantica
Chaenomeles
Clematis orientalis
Colutea
Cotoneaster horizontalis
Lathyrus latifolius
Leycesteria formosa
Ligustrum
Lonicera
Malus
Passiflora
Pinus
Prunus
Pterocarya
Quercus
Rosa glauca
Sorbus
Taxus baccata
Viburnum tinus

Berberis

Berbéris, épine-vinette Berbéridacées

QUAND SEMER
De l'automne à la fin de l'hiver.

TRAITEMENT AVANT SEMIS
Stratification en extérieur en hiver ou au frigidaire.

COMMENT SEMER
En pots ou terrines emplis de terreau de semis ordinaire.

GERMINATION
4 à 6 mois.

DÉLAI DE FLORAISON
2 à 3 ans.

TAILLE ADULTE
2 m x 1,20 m ou plus selon l'espèce.

Ces arbustes épineux, caducs ou persistants, sont d'excellents sujets de haie car la plupart ont un port dense et compact et supportent des tailles régulières. Les plus prisés déploient leurs charmes sur deux saisons : les fleurs printanières jaunes ou orange sont suivies de baies rouges ou noires.

Pourquoi semer ?

Les berbéris s'hybrident volontiers et des formes intéressantes apparaissent parfois. Il est donc intéressant de récolter et de semer les graines, ne serait-ce que par curiosité.

L'entretien des plantules

Rempotez les plantules tous les ans dans du terreau de rempotage ou transplantez-les en pépinière jusqu'à ce qu'elles soient assez développées pour être installées à leur emplacement définitif. Si elles sont en contenants, arrosez-les régulièrement et appliquez un engrais liquide pendant la pleine croissance, du printemps à l'été. Abritez-les sous châssis froid pour l'hiver.

1 Récoltez les baies entre le milieu et la fin de l'hiver, de préférence lorsque les premières gelées les ont amollies. Écrasez-les pour extraire les graines, puis rincez celles-ci à l'eau.

2 Séchez les graines sur du papier absorbant. Elles sont prêtes à être semées en pots en extérieur. Sinon, stratifiez-les quatre à six semaines au réfrigérateur, puis semez-les en pots ou en terrines emplis de terreau de semis.

Cedrus atlantica

Cèdre de l'Atlas Pinacées

QUAND SEMER
En début de printemps.

TRAITEMENT AVANT SEMIS
Stratification au réfrigérateur. Vous pouvez également mettre une partie des graines au congélateur car les exigences de froid pour la germination sont variables.

COMMENT SEMER
En pots ou terrines emplis de terreau de semis ordinaire, surfacé avec du gravillon.

GERMINATION
Ces graines sont parfois capricieuses, mais elles devraient germer dans les deux ans.

DÉLAI DE FLORAISON
5 ans.

TAILLE ADULTE
40 m x 10 m, mais souvent moins en culture.

Ce conifère variable nous vient d'Afrique du Nord mais il est pourtant parfaitement rustique. En dépit de sa carrure monumentale, nombre de jardiniers semblent n'avoir aucun scrupule à le planter dans des espaces relativement restreints, fascinés qu'ils sont par la beauté de son feuillage et de ses cônes d'un bleu froid. Il fait un beau sujet isolé, même quand il est très jeune.

Pourquoi semer ?

Le semis est probablement la méthode la plus fiable pour multiplier cet arbre. Le bleu des feuilles pouvant varier d'une plantule à l'autre, ne conservez que celles qui offrent la plus belle teinte.

L'entretien des plantules

Placez les pots ou terrines en extérieur. Rempotez les plantules tous les ans dans du terreau de rempotage et arrosez-les régulièrement pendant la saison de croissance, du printemps à l'été. Appliquez un engrais liquide à la reprise de la croissance. Hivernez les jeunes plantes sous châssis froid. Vous les installerez à leur emplacement définitif quand elles seront assez développées, généralement pas avant cinq ans.

1 Cueillez les cônes à maturité (deux ans). Vous les détacherez de la branche en les tournant sur eux-mêmes. Faites-les tremper 24 heures dans l'eau chaude ou placez-les près d'une source de chaleur pour les faire ouvrir.

2 Tapotez les cônes ouverts sur une surface dure pour faire tomber les graines. Mélangez celles-ci avec de la perlite humidifiée, dans des sacs en plastique. Réfrigérez une partie des sacs et congelez le reste trois semaines. Semez dans du terreau de semis surfacé avec du gravillon.

Chaenomeles

Cognassier du Japon Rosacées

QUAND SEMER
En automne.

TRAITEMENT AVANT SEMIS
Stratification au froid.

COMMENT SEMER
En pots ou terrines emplis de terreau de semis ordinaire.

GERMINATION
4 à 6 mois.

DÉLAI DE FLORAISON
3 à 5 ans.

TAILLE ADULTE
1,50 m x 1,50 m, davantage s'il est palissé contre un mur.

Ces plantes sont charmantes au printemps, quand leurs tiges nues se couvrent de fleurs rouges cireuses ou, plus rares et moins spectaculaires, blanches ou roses. Après les fleurs apparaissent les fruits durs, évoquant des pommes miniatures d'un jaune doré vif. Ces arbustes sont magnifiques lorsqu'ils sont palissés contre un mur.

Pourquoi semer ?

Si vous avez conduit la plante contre un mur, vous disposerez de peu de matériel de bouturage. Le semis est alors la meilleure option pour obtenir de nouvelles plantes.

L'entretien des plantules

Rempotez les plantules tous les ans dans du terreau de rempotage, jusqu'à ce qu'elles soient suffisamment développées pour être installées à leur emplacement définitif. Arrosez-les régulièrement et appliquez un engrais liquide pendant la saison de croissance, du printemps à l'été. Hivernez les jeunes plantes sous châssis froid. À l'instar des plantes adultes, elles perdront leurs feuilles à l'automne.

1 Cueillez les fruits à maturité, entre le milieu et la fin de l'automne, quand ils ont viré du vert au jaune. Coupez-les en deux à l'aide d'un couteau bien aiguisé pour exposer les graines.

2 Extrayez délicatement les graines avec la pointe du couteau. Éliminez celles que vous avez abîmées en coupant le fruit. Stratifiez les graines au réfrigérateur jusqu'à quatre semaines, avant de les semer dans du terreau de semis ordinaire.

Clematis orientalis

Renonculacées

QUAND SEMER
En automne, à maturité ; les graines du commerce peuvent être semées au printemps.

TRAITEMENT AVANT SEMIS
Aucun.

COMMENT SEMER
En pots ou terrines emplis de terreau de semis ordinaire, surfacé avec du gravillon ou du sable grossier.

GERMINATION
8 à 12 semaines.

DÉLAI DE FLORAISON
2 à 3 ans.

TAILLE ADULTE
6 m x 3 m environ. La pousse peut être limitée par une taille annuelle sévère, en fin d'hiver.

Clematis orientalis est une plante séduisante, couverte de lanternes jaune vif à partir du milieu de l'été. Si vous achetez des graines, vous constaterez que les plumets ont été retirés mais vous n'êtes pas obligé d'en faire autant si vous procédez vous-même à la récolte. Le même traitement s'applique à *C. tangutica* et *C. tibetana*, qui appartiennent au même groupe.

Pourquoi semer ?

Ces plantes s'étant croisées depuis de nombreuses années, des formes intéressantes apparaissent parfois. Il arrive que des plantules offrent des fleurs dont les pétales s'évasent de façon spectaculaire.

L'entretien des plantules

Empotez les plantules dans du terreau de rempotage. Apportez un engrais liquide et arrosez généreusement pendant la pleine croissance, du printemps à l'été. Les tiges vont se recroqueviller en hiver, mais ne les rabattez pas avant que les plantules soient bien établies. Poursuivez la culture en contenants, que vous abriterez sous châssis froid pendant l'hiver, jusqu'à ce que les plantes soient assez développées pour être installées en pleine terre.

1 Prélevez les fruits plumeux à pleine maturité, autrement dit quand ils sont duveteux plutôt que soyeux. Détachez délicatement chaque graine du fruit.

2 En pots ou en terrines, répartissez les graines sur le terreau de semis. Surfacez avec du gravillon fin ou du sable grossier pour maintenir les graines en place. Hivernez les semis sous châssis froid.

Colutea

Baguenaudier Légumineuses

QUAND SEMER
En automne à maturité, ou au printemps.

TRAITEMENT AVANT SEMIS
Soit trempage de 24 heures, soit scarification au papier de verre.

COMMENT SEMER
En pots ou terrines emplis de terreau de semis ordinaire, additionné de gravillon, sable grossier, perlite ou vermiculite.

GERMINATION
2 à 4 semaines ; les semis d'automne risquent de ne pas lever avant le printemps suivant.

DÉLAI DE FLORAISON
3 à 4 ans.

TAILLE ADULTE
2 m x 2 m, ou plus.

Ce membre de la famille des pois comprend des espèces aux fleurs estivales jaunes, orange ou rouges, suivies par de curieuses gousses qui gonflent et deviennent membraneuses au cours de la maturation. Veillez à ne pas récolter ces gousses avant qu'elles ne soient complètement sèches. Les graines qui ne sont pas mûres sont encore blanches ; pour germer, elles doivent être brunes.

Pourquoi semer ?

Cet arbuste peut être multiplié à partir de boutures prélevées en été, mais si vous avez manqué cette occasion, tentez les semis d'automne.

L'entretien des plantules

Placez les contenants en extérieur, sous châssis froid. Vous accélérerez la germination des semis de printemps en utilisant une serre de multiplication (entre 15 et 18 °C). Empotez les plantules dans du terreau de rempotage additionné de gravillons, sable, perlite ou vermiculite. Arrosez régulièrement et apportez un engrais liquide pendant la pleine croissance, du printemps à l'été. Hivernez les plantules sous châssis froid et installez-les en pleine terre quand elles ont deux ans ou plus.

1 Récoltez les gousses renflées quand elles sont sèches et membraneuses, mais avant qu'elles se soient ouvertes.

2 Ouvrez délicatement les gousses en suivant la jointure et détachez les graines, qui doivent être brunes. Semez-les immédiatement ou stockez-les pendant l'hiver pour les semer au printemps suivant.

Cotoneaster horizontalis

Rosacées

QUAND SEMER
En automne.

TRAITEMENT AVANT SEMIS
Stratification.

COMMENT SEMER
En pots ou terrines emplis de terreau de semis ordinaire.

GERMINATION
Elle demande parfois jusqu'à 18 mois.

DÉLAI DE FLORAISON
3 à 4 ans.

TAILLE ADULTE
1 m x 2 m, ou plus.

Cette plante au port rigide et aux branches en arêtes de poisson se plie volontiers aux exigences du terrain. Elle s'étale avec charme sur un talus mais accepte aussi d'escalader un mur frais. Elle sera bourdonnante d'abeilles à la fin du printemps, quand ses fleurs mousseuses blanc isabelle s'épanouiront. Ses baies rouge vif feront le bonheur des oiseaux en automne.

Pourquoi semer ?

Cette espèce a un port si compact qu'il n'est pas toujours aisé de prélever des boutures. Heureusement, on peut facilement la multiplier par semis, même si cela demande un peu de patience. Toutes les espèces de cotonéasters peuvent être semées selon la même technique.

L'entretien des plantules

Rempotez les plantules tous les ans dans du terreau de rempotage. Arrosez et appliquez un engrais liquide pendant la pleine croissance, au printemps et en été. Abritez sous châssis froid en hiver. Rappelez-vous que les plantules perdront leurs feuilles en automne, exactement comme les plantes adultes. Vous les installerez à leur emplacement définitif quand elles auront deux ans ou plus.

1 Récoltez les baies entre le milieu et la fin de l'automne, de préférence quand elles ont été amollies par les premières gelées. Écrasez les baies pour extraire les graines.

2 Rincez les graines à l'eau, puis séchez-les sur du papier absorbant. Mélangez-les dans un sac en plastique avec de la perlite ou de la vermiculite humidifiée et laissez celui-ci quatre à six semaines au réfrigérateur avant de semer dans du terreau de semis classique.

Lathyrus latifolius

Pois vivace Légumineuses

QUAND SEMER
De l'automne au printemps.

TRAITEMENT AVANT SEMIS
Faites tremper les graines pendant 24 heures, entaillez-les ou frottez-les au papier de verre.

COMMENT SEMER
En pots assez profonds pour loger les longues racines, emplis de terreau de semis ordinaire.

GERMINATION
1 à 2 semaines ; les semis d'hiver risquent d'être plus lents à lever.

DÉLAI DE FLORAISON
2 à 3 ans.

TAILLE ADULTE
2 m x 2 m ou plus.

Le nom commun de cette plante est pois vivace et non pois de senteur vivace. Ces grimpantes herbacées, qui perdent leurs parties aériennes en hiver, offrent toute la beauté des annuelles mais, hélas, pas leur parfum. En dehors du magenta typique, les sélectionneurs ont réussi à isoler une forme blanche séduisante. Vous pouvez la palisser de façon classique, mais elle se faufile également avec élégance entre les branches d'un arbuste à floraison printanière.

Pourquoi semer ?

Ces plantes étant difficiles à diviser, le semis est la méthode la plus simple pour les multiplier. Récoltez les graines ou achetez-les.

L'entretien des plantules

Après la germination, vous pouvez sortir les plantules du châssis froid dans la journée. Si la météo prévoit un temps froid, rentrez-les. Les plantules demandent des conditions fraîches au démarrage sous peine de développer des pousses grêles et trop tendres. Arrosez avec parcimonie en hiver, juste assez pour éviter que les plantes ne se dessèchent. Dès qu'elles se ragaillardissent au printemps, arrosez fréquemment et apportez un engrais complet. Elles pourront être installées en pleine terre dans l'année.

1 Récoltez les gousses entre le milieu et la fin de l'automne, juste avant qu'elles ne s'ouvrent et révèlent leurs graines noires sphériques.

2 Faites tremper les graines 24 heures dans l'eau chaude. Sortez-les de l'eau dès qu'elles commencent à gonfler pour éviter qu'elles pourrissent. Semez en pots simples ou en pots profonds et installez ces derniers sous châssis froid.

Leycesteria formosa

Arbre aux faisans Caprifoliacées

QUAND SEMER
En automne.

TRAITEMENT AVANT SEMIS
Stratification en extérieur.

COMMENT SEMER
En pots ou terrines emplis de terreau de semis ordinaire, surfacé avec du gravillon.

GERMINATION
8 à 12 semaines.

DÉLAI DE FLORAISON
3 à 5 ans.

TAILLE ADULTE
2 m x 1,50 m.

Cette plante assez ténébreuse est très décorative en automne. Son port arqué et ses grappes pendantes de fleurs rouge violacé la prédisposent à une plantation en sujet isolé ou en arrière-plan d'une plate-bande, mais elle a également belle allure dans un sous-bois mi-ombragé. Ses fleurs sont suivies de baies de la même couleur, qui prolongent son intérêt ornemental tard dans l'automne.

Pourquoi semer ?

Les boutures de cette plante ne prennent pas toujours. Le semis est une méthode de multiplication fiable.

L'entretien des plantules

Placez les contenants en extérieur. Après la levée, repiquez les plantules dans des contenants emplis de terreau de rempotage. Arrosez régulièrement et apportez un engrais liquide pendant la pleine croissance, du printemps à l'été. Abritez les plantules sous châssis froid pendant l'hiver, dès qu'elles ont perdu leurs feuilles. Installez-les en pleine terre quand elles ont deux ans ou plus.

1 Cueillez les grappes entre le milieu et la fin de l'automne, quand les baies sont à pleine maturité, de texture tendre et homogène. Écrasez-les délicatement pour exposer les graines.

2 Les graines sont minuscules et difficiles à manipuler. La technique la plus efficace consiste à semer les baies écrasées sans tenter d'en extraire les graines. Surfacez avec du gravillon pour les maintenir en place sur le terreau.

Ligustrum

Troène Oléacées

QUAND SEMER
En hiver.

TRAITEMENT AVANT SEMIS
Stratification.

COMMENT SEMER
En pots ou terrines emplis de terreau de semis ordinaire.

GERMINATION
4 à 6 mois.

DÉLAI DE FLORAISON
3 à 5 ans.

TAILLE ADULTE
2 m x 2 m s'il n'est pas taillé.

Si le troène reste essentiellement cantonné aux haies, il mérite largement d'être élevé à une dignité supérieure. Isolé, il est d'une rare élégance, et ses panicules de fleurs estivales blanc isabelle, au parfum insolite, forment des baies semblables à des boutons de bottine cirés. Le troène conduit sur tige est également charmant, mais la taille d'entretien régulière qu'il nécessite alors vous privera de ses fruits si beaux à regarder.

Pourquoi semer ?

La plupart des troènes de nos jardins sont des espèces, et les graines méritent toujours d'être récoltées s'il est impossible de prélever des boutures.

L'entretien des plantules

Gardez les contenants en extérieur jusqu'à la levée des semis. Repiquez les plantules ; arrosez et apportez un engrais liquide pendant la pleine croissance, du printemps à l'automne. Hivernez les contenants sous châssis froid après la chute des feuilles. Plantez en pleine terre au bout de deux ans, voire plus.

1 Récoltez les baies à maturité en automne et écrasez-les pour libérer les graines. Veillez à ne pas vous tacher.

2 Rincez les graines à l'eau et séchez-les bien, puis mélangez-les dans un sac en plastique avec de la perlite ou de la vermiculite humidifiée et laissez celui-ci trois semaines au réfrigérateur. Semez en pots ou terrines emplis de terreau de semis.

Lonicera

Chèvrefeuille Caprifoliacées

QUAND SEMER
En automne, quand les graines sont à maturité.

TRAITEMENT AVANT SEMIS
Stratification.

COMMENT SEMER
En pots ou terrines emplis de terreau de semis ordinaire.

GERMINATION
4 à 6 mois, parfois davantage.

DÉLAI DE FLORAISON
3 à 4 ans.

TAILLE ADULTE
3 m x 3 m, ou plus ; taillez-le pour limiter son expansion.

Le parfum du chèvrefeuille flottant dans l'air est l'un des délices qui résument l'été. Traditionnellement, on taille cet arbuste aussitôt après la floraison, mais si vous laissez quelques tiges fleuries, vous récolterez les graines à l'automne.

Pourquoi semer ?

Quand la plante est surchargée et enchevêtrée, il est difficile d'en tirer un matériel de bouturage convenable. Optez alors pour la récolte de graines.

L'entretien des plantules

Au fil de la croissance des plantules, les pousses vont commencer à s'enrouler. Insérez un tuteur mince qui les soutiendra. Il est préférable de prendre cette précaution lors du rempotage, pour éviter d'abîmer les racines. Arrosez régulièrement et apportez un engrais liquide pendant la pleine croissance, du printemps à l'été. Abritez les jeunes plantes sous châssis froid pendant l'hiver, après la chute des feuilles. Plantez en pleine terre au bout de deux ans, ou plus.

1 Récoltez les baies en milieu d'automne. Écrasez-les pour extraire les graines, rincez-les à l'eau et séchez-les bien. Mélangez-les dans un sac en plastique avec de la perlite ou de la vermiculite humidifiée et laissez celui-ci trois à quatre semaines au réfrigérateur.

2 Semez en pots ou terrines emplis de terreau de semis ordinaire, puis placez les contenants en extérieur. Rempotez les plantules au fur et à mesure de leur croissance dans du terreau de rempotage.

Malus

Pommier Rosacées

QUAND SEMER
En automne, à maturité des graines.

TRAITEMENT AVANT SEMIS
Stratification.

COMMENT SEMER
En pots ou terrines emplis de terreau de semis ordinaire.

GERMINATION
3 à 6 mois.

DÉLAI DE FLORAISON
3 à 5 ans.

TAILLE ADULTE
10 m x 8 m, plus ou moins selon l'espèce.

Vous pouvez semer les graines de toutes les pommes, même celles des pommes à dessert que vous achetez, pour obtenir un arbre d'ornement charmant et délicat qui fleurira au milieu du printemps. En automne, vous serez séduit par ses ravissants fruits rouges ou jaune vif, mis en valeur par des feuilles aux teintes automnales. Les pommes restent sur les branches bien après que les feuilles ont changé de couleur et sont tombées.

Pourquoi semer ?

Quasiment tous les pommiers d'ornement sont beaux et méritent d'être ressemés pour avoir toujours un stock de plantes ornementales à disposition.

L'entretien des plantules

Placez les contenants en extérieur. Après la levée, repiquez les plantules dans du terreau de rempotage. Arrosez régulièrement et apportez un engrais liquide pendant la pleine croissance, au printemps et en été. Hivernez les jeunes plantes sous châssis froid après la chute des feuilles. Installez le pied en pleine terre au bout de deux ans ou plus.

1 Cueillez les fruits entre le milieu et la fin de l'automne, quand ils sont parfaitement mûrs et d'une couleur homogène. Coupez-les en deux pour exposer les graines, qui doivent être brunes. Celles qui sont encore claires ne sont pas à pleine maturité.

2 Extrayez les graines avec la pointe d'un couteau. Éliminez tous les pépins abîmés. Mélangez les graines dans un sac en plastique avec de la perlite ou de la vermiculite humidifiée et laissez celui-ci trois à quatre semaines au réfrigérateur. Semez en pots ou terrines emplis de terreau de semis ordinaire.

Passiflora

Passiflore, grenadille, maracudja Passifloracées

QUAND SEMER
Au printemps.

TRAITEMENT AVANT SEMIS
Aucun.

COMMENT SEMER
En pots ou terrines emplis de terreau de semis ordinaire.

GERMINATION
Jusqu'à 14 jours, parfois davantage.

DÉLAI DE FLORAISON
3 à 5 ans.

TAILLE ADULTE
10 m x 10 m ; taillez prudemment pour limiter son expansion.

Ces grimpantes persistantes sont prisées pour leurs fleurs fascinantes qui s'épanouissent sur une longue période, de l'été à la fin de l'automne. Les fruits sont également de toute beauté. Tous sont comestibles, mais seuls les fruits de la *Passiflora edulis* gélive méritent d'être consommés. Cette plante se ressème souvent spontanément dans les jardins.

Pourquoi semer ?

Les tiges de passiflore sont très tendres et ne fournissent pas toujours un bon matériel de bouturage. Le semis est une méthode fiable pour obtenir des nouvelles plantes vigoureuses.

L'entretien des plantules

Empotez les plantules dans du terreau de rempotage et acclimatez-les progressivement à l'extérieur de la serre de multiplication. Arrosez-les généreusement et apportez un engrais liquide pendant la pleine croissance, du printemps à l'été. Soutenez les tiges par des tuteurs pendant la croissance. Faites hiverner les jeunes plantes sous châssis froid. Plantez-les en pleine terre, de préférence au printemps, au bout de deux ou trois ans, voire plus.

1 Quand les fruits à maturité sont passés du vert à l'orange et sont souples au toucher, cueillez-les délicatement. Coupez-les en deux pour exposer les graines, qui sont noyées dans une pulpe gélatineuse.

2 Rincez les graines à l'eau et séchez-les sur du papier absorbant. Stockez-les tout l'hiver et semez-les au printemps suivant en pots ou terrines emplis de terreau de semis ordinaire. Placez les contenants sous serre de multiplication à 21 °C jusqu'à la germination.

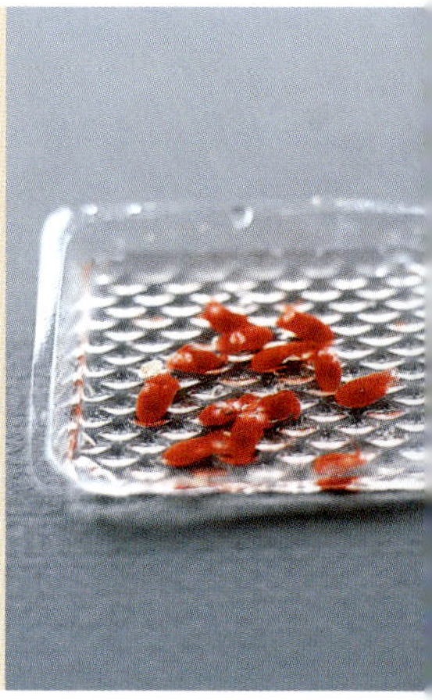

Pinus

Pin Pinacées

QUAND SEMER
En début de printemps.

TRAITEMENT AVANT SEMIS
Stratification.

COMMENT SEMER
En pots ou terrines emplis de terreau de semis ordinaire.

GERMINATION
1 à 3 mois.

DÉLAI DE FLORAISON
5 ans.

TAILLE ADULTE
20 m x 9 m, mais les arbres issus de semis présentent des différences de taille importantes et certains sont beaucoup plus compacts.

Les pins sont des arbres superbes dont beaucoup exhibent une stature impressionnante à l'âge adulte. Tous dégagent ce parfum de résine si caractéristique des étés méditerranéens. En dehors des espèces gigantesques comme le pin sylvestre (*Pinus sylvestris*), plusieurs offrent une silhouette séduisante qui ne dépasse pas un mètre d'envergure.

Pourquoi semer ?

Pinus est un vaste genre dont certaines espèces sont extrêmement variables ; il est donc toujours passionnant de le multiplier par semis, car le résultat n'est jamais prévisible.

L'entretien des plantules

Semez en pots ou terrines emplis de terreau de semis ordinaire et gardez les contenants en extérieur jusqu'à la levée. Rempotez les plantules et apportez un engrais à libération lente au printemps. Arrosez généreusement pendant la pleine croissance, du printemps à l'automne. Abritez les jeunes plantes sous châssis froid pendant l'hiver, jusqu'à ce qu'elles soient de taille à être installées en pleine terre à leur emplacement définitif.

1 Détachez les cônes des branches en les tournant sur eux-mêmes. Placez-les encore fermés près d'une source de chaleur, pour accélérer l'écartement des écailles. Tapotez-les sur une surface dure pour faire tomber les graines.

2 Retirez les ailes membraneuses. Mélangez les graines dans un sac en plastique avec de la perlite ou de la vermiculite pour les stratifier. Avant de semer, maintenez-les jusqu'à 12 semaines à 4 °C ou à une température inférieure (au congélateur par exemple).

Prunus

Cerisier à fleurs Rosacées

QUAND SEMER
En automne, à maturité des fruits.

TRAITEMENT AVANT SEMIS
Stratification.

COMMENT SEMER
En pots ou terrines emplis de terreau de semis ordinaire surfacé avec du gravillon.

GERMINATION
3 à 6 mois.

DÉLAI DE FLORAISON
3 à 5 ans.

TAILLE ADULTE
5 m x 5 m, plus ou moins ; les plantules varient parfois.

Prunus est un vaste genre d'arbres et d'arbustes comprenant des espèces caduques et persistantes, ainsi que des plantes cultivées pour leurs fruits comestibles (amandes, pêches, prunes, cerises) et leurs formes ornementales. Tous arborent de délicieuses fleurs blanches ou roses au printemps.

Pourquoi semer ?

Récoltez les graines s'il vous est impossible de prélever des boutures convenables.

L'entretien des plantules

Après avoir semé, placez les contenants sous châssis froid. Repiquez les plantules dans du terreau de rempotage dès qu'elles apparaissent. Arrosez régulièrement et apportez un engrais liquide pendant la pleine croissance, entre le printemps et l'été. Faites hiverner les plantules sous châssis froid. Les espèces caduques perdront leurs feuilles en automne. Plantez en pleine terre au bout de deux ans ou plus.

1 Récoltez les fruits à maturité en automne, de préférence après les premières gelées. Écrasez-les pour extraire les graines. Chaque fruit contient une graine.

2 Rincez les graines à l'eau, puis séchez-les bien. Mélangez-les dans un sac en plastique avec de la perlite ou de la vermiculite humidifiée et laissez-les quatre à six semaines au réfrigérateur. Semez en pots et couvrez les graines d'une couche de gravillon.

Pterocarya

Juglandacées

QUAND SEMER
En automne, quand les graines sont fraîches.

TRAITEMENT AVANT SEMIS
Stratification.

COMMENT SEMER
En pots ou terrines emplis de terreau de semis ordinaire, surfacé avec du gravillon.

GERMINATION
8 à 12 semaines.

DÉLAI DE FLORAISON
5 ans.

TAILLE ADULTE
25 m x 20 m, plus ou moins selon l'espèce.

Les *Pterocarya* sont des arbres imposants qui affichent à la fin du printemps des grappes pendantes de fleurs verdâtres, suivies en fin d'été et en automne de grappes insolites de graines ailées. Ils font d'excellents sujets isolés s'ils atteignent une grande taille.

Pourquoi semer ?

Le semis est la méthode de multiplication la plus fiable ; l'autre solution est le prélèvement de rejets enracinés, généralement produits en petite quantité.

L'entretien des plantules

Après la germination, repiquez les plantules dans du terreau de rempotage. Arrosez-les et apportez un engrais liquide pendant la pleine croissance, du printemps à l'été. Abritez-les sous châssis froid pendant l'hiver, quand les feuilles seront tombées.

1 Coupez les grappes de graines à maturité, de l'été à l'automne. Détachez les graines une par une.

2 Mélangez les graines dans un sac en plastique avec de la perlite ou de la vermiculite humidifiée et laissez-les quatre semaines au réfrigérateur. Semez en pots emplis de terreau de semis ordinaire, surfacez avec du gravillon horticole et placez en extérieur.

Quercus

Chêne Fagacées

QUAND SEMER
En automne, quand les graines sont fraîches.

TRAITEMENT AVANT SEMIS
Scarification.

COMMENT SEMER
En pots profonds emplis de terreau de semis ordinaire.

GERMINATION
3 à 6 mois.

DÉLAI DE FLORAISON
5 ans.

TAILLE ADULTE
Jusqu'à 30 m x 20 m, plus ou moins selon l'espèce.

Les chênes sont des arbres tellement imposants que l'on a peine à croire qu'ils sont issus d'un simple gland. C'est pourtant la réalité et c'est pourquoi il est toujours amusant de glaner ces fruits avant que les écureuils ne fassent leurs réserves. Bon nombre de chênes sont caducs mais il existe un très beau persistant, *Quercus ilex*.

Pourquoi semer ?

Le semis est l'une des méthodes les plus fiables pour multiplier cet arbre. Une fois levées, les plantules se développent rapidement.

L'entretien des plantules

Rempotez les jeunes plantes au fur et à mesure qu'elles se développent dans des pots profonds (pour loger leurs racines allongées) emplis de terreau de rempotage. Arrosez et apportez un engrais liquide pendant la pleine croissance. Abritez les contenants sous châssis froid pendant l'hiver, dès que les feuilles seront tombées. Plantez en pleine terre au bout de deux ans ou plus.

1 Extrayez délicatement les graines des cupules. Incisez le tégument à l'aide d'un couteau pour accélérer la germination, en veillant à ne pas endommager les tissus de l'embryon.

2 Plantez les graines dans des pots profonds emplis de terreau de semis ordinaire. Placez les contenants en extérieur. Les plantules vont rapidement développer de longues racines pivotantes.

Rosa glauca

syn. *R. rubrifolia* Rosier Rosacées

QUAND SEMER
À partir de la fin de l'automne.

TRAITEMENT AVANT SEMIS
Stratification.

COMMENT SEMER
En pots ou terrines emplis de terreau de semis ordinaire, surfacé avec du gravillon ou du sable grossier.

GERMINATION
6 semaines à 2 ans.

DÉLAI DE FLORAISON
2 à 4 ans.

TAILLE ADULTE
2 m x 1,50 m.

Les jardiniers sont souvent surpris d'apprendre que les rosiers se multiplient à partir de semis, mais ne vous fatiguez surtout pas à extraire les graines des cynorhodons formés par vos merveilleux hybrides. Seules les espèces méritent cet effort. *R. glauca* affiche de séduisantes feuilles gris étain et, en début d'été, des fleurs d'un rose chaud suivies de fruits rouges cireux.

Pourquoi semer ?

Le semis est une technique peu appliquée aux rosiers, mais elle très fiable pour produire des plantes saines à partir de l'espèce. La germination est irrégulière, donc gardez confiance et ne vous débarrassez pas des pots qui ne donnent aucun signe d'activité.

L'entretien des plantules

Repiquez les plantules dans des pots emplis de terreau de rempotage. Arrosez-les et apportez un engrais liquide pendant la pleine croissance, du printemps à l'été. Abritez-les sous châssis froid pendant l'hiver, après la chute des feuilles. Vous les installerez en pleine terre au bout de deux ans ou plus.

1 Écrasez les fruits pour extraire les graines. Rincez celles-ci à l'eau, puis séchez-les sur du papier absorbant. Mélangez-les avec de la perlite ou de la vermiculite.

2 Stratifiez les graines deux à trois semaines au réfrigérateur avant de les semer. Après la levée, les plantules vont se développer rapidement et, deux ans plus tard, la plante aura vraiment l'allure d'un rosier.

Sorbus

Sorbier Rosacées

QUAND SEMER
À maturité des graines, en automne.

TRAITEMENT AVANT SEMIS
Stratification.

COMMENT SEMER
En pots ou terrines emplis de terreau de semis ordinaire surfacé avec du gravillon ou du sable grossier.

GERMINATION
1 à 4 semaines.

DÉLAI DE FLORAISON
3 à 5 ans.

TAILLE ADULTE
8 m x 6 m, plus ou moins selon l'espèce.

Les sorbiers comptent parmi les arbres les plus conseillés dans un jardin. Leur ramure légère et aérée offre une mi-ombre plaisante en été et ils sont au sommet de leur grâce en deux saisons. Les bouquets de fleurs blanches printanières laissent place en automne à des baies roses, jaunes ou rouges. Si vous envisagez de récolter des graines, cueillez les baies avant que les oiseaux ne les dévorent de la première à la dernière.

Pourquoi semer ?

La plupart des sorbiers cultivés dans les jardins sont des espèces ; le semis est donc un mode de multiplication idéal.

L'entretien des plantules

Repiquez les plantules dans des pots emplis de terreau de rempotage. Arrosez régulièrement et apportez un engrais liquide pendant la pleine croissance, du printemps à l'été. Abritez les jeunes plantes sous châssis froid pendant l'hiver, après la chute des feuilles. Installez-les en pleine terre dès qu'elles sont assez grandes et vigoureuses.

1 Cueillez les baies entre le milieu et la fin de l'automne, de préférence après qu'une gelée les aura ramollies. Écrasez-les pour extraire les graines. Rincez celles-ci et séchez-les sur du papier absorbant.

2 Mélangez les graines dans un sac en plastique avec de la perlite humidifiée et laissez six à huit semaines au réfrigérateur. Semez en pots emplis de terreau de semis ordinaire surfacé avec du sable grossier. Maintenez à 15 °C jusqu'à la levée.

Taxus baccata

If Taxacées

QUAND SEMER
En automne.

TRAITEMENT AVANT SEMIS
Stratification au réfrigérateur ou au congélateur.

COMMENT SEMER
En pots ou terrines emplis de terreau de semis ordinaire, surfacé avec du gravillon ou du sable grossier.

GERMINATION
Généralement dans les 6 à 12 mois.

DÉLAI DE FLORAISON
3 à 5 ans.

TAILLE ADULTE
10 m x 8 à 10 m en sujet isolé, mais les ports varient et certaines plantes sont plus compactes.

Parfait pour les haies décoratives et les topiaires, mais aussi en sujet isolé si on lui accorde un siècle ou deux, l'if est facile à multiplier à partir de graines que de boutures. Les plantules sont variables : certaines seront d'un vert presque noirâtre, d'autres auront l'éclat du vieil or.

Pourquoi semer ?

Les résultats des semis sont moins prévisibles que ceux des boutures, ce qui peut s'avérer intéressant si vous souhaitez créer une haie.

L'entretien des semis

Repiquez les plantules dans des contenants emplis de terreau de rempotage. Rempotez-les tous les ans jusqu'à ce qu'elles soient assez grandes pour être installées à leur emplacement définitif ou cultivez-les en pépinière. Quand elles sont en contenants, arrosez-les généreusement pendant la pleine croissance et apportez un engrais à libération lente au début de la saison.

1 Écrasez les baies pour extraire les graines. Chaque fruit contient une graine. Rincez les graines et séchez-les sur du papier absorbant.

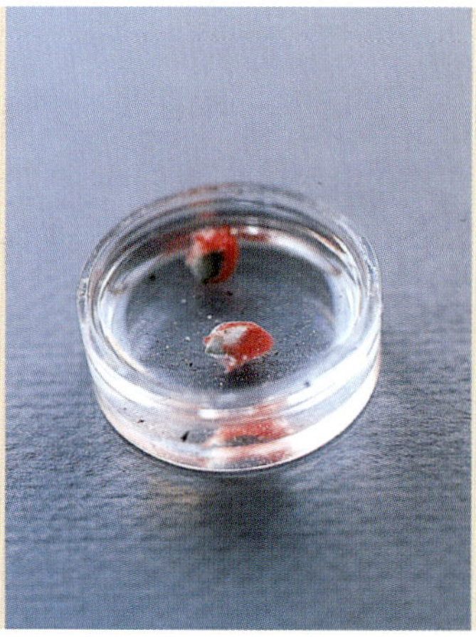

2 Mélangez les graines dans un sac en plastique avec de la perlite ou de la vermiculite humidifiée et laissez six à huit semaines au réfrigérateur ou au congélateur. Semez en pots ou terrines emplis de terreau de semis ordinaire surfacé avec du gravillon ou du sable grossier.

Viburnum tinus

Laurier-tin Caprifoliacées

QUAND SEMER
En automne.

TRAITEMENT AVANT SEMIS
Stratification au réfrigérateur.

COMMENT SEMER
En pots ou terrines emplis de terreau de semis ordinaire surfacé avec du gravillon ou du sable grossier.

GERMINATION
Jusqu'à 6 mois, voire davantage. La levée est irrégulière.

DÉLAI DE FLORAISON
3 ans.

TAILLE ADULTE
3 m x 3 m, mais les plantes issues de semis sont parfois plus compactes.

Plante essentielle au jardin en hiver, cet arbuste persistant commence à afficher ses bouquets de fleurs blanches à la fin de l'automne et continue tout au long de l'hiver, voire assez tard dans le printemps. Au moment où les baies bleu métal mûrissent, en automne, la prochaine vague de fleurs s'épanouit déjà.

Pourquoi semer ?

Bien que cette espèce fasse preuve d'une grande stabilité génétique, il existe parfois des variations entre les plantules, plus ou moins compactes ou d'une floraison plus ou moins abondante.

L'entretien des semis

Semez en pots ou terrines emplis de terreau de semis surfacé avec du gravillon ou du sable grossier. Repiquez les plantules dans du terreau de rempotage. Arrosez régulièrement et apportez un engrais liquide pendant la pleine croissance, au printemps et en été. Hivernez les jeunes plantes sous châssis froid et arrosez-les de temps à autre pour éviter la chute des feuilles. Plantez-les en pleine terre quand elles ont la taille requise, généralement au bout de deux ans ou plus.

1 Cueillez les fruits entre le milieu et la fin de l'automne, idéalement après qu'une gelée les aura ramollis. Chaque fruit contient une graine.

2 Les fruits ne sont pas charnus. Il est donc très facile de gratter l'enveloppe avec un petit couteau pour extraire la graine. Mélangez les graines dans un sac en plastique avec de la perlite ou de la vermiculite humidifiée et laissez-les jusqu'à six semaines au réfrigérateur.

Les vivaces et les bulbes

Acanthus
Agapanthus
Alcea
Allium
Alstroemeria
Eucomis bicolor
LES FOUGÈRES
LES GRAMINÉES
Helleborus
Iris foetidissima
Liatris spicata
Lilium regale
Lupinus
Nectaroscordum siculum
Paeonia mlokosewitschii
Papaver orientale
Phlomis russeliana
Verbena bonariensis

Acanthus

Acanthe Acanthacées

QUAND SEMER
Au printemps ou en automne.

TRAITEMENT AVANT SEMIS
Aucun.

COMMENT SEMER
En pots ou terrines emplis de terreau de semis ordinaire, en extérieur.

GERMINATION
Généralement 14 jours environ, plus lente à basse température ; les semis d'automne risquent de ne pas lever avant le printemps suivant.

DÉLAI DE FLORAISON
3 ans.

TAILLE ADULTE
1,20 m x 1 m.

Ces vivaces imposantes affichent de grandes feuilles lustrées qui se flétrissent en hiver et des grappes imposantes de fleurs tubulaires en début d'été. Soyez vigilant lorsque vous coupez les tiges florales car les bractées qui entourent les graines sont dotées d'épines très acérées.

Pourquoi semer ?

Cette vivace présente une caractéristique insolite, puisque l'on ne cultive que des espèces de ce genre et qu'il n'existe pas de variétés nommées. La stabilité génétique est parfaite et l'on sait exactement ce qu'on va obtenir à partir des semis.

L'entretien des plantules

Vous accélérerez la germination en maintenant les graines à une température de 18 °C sous serre de multiplication. Repiquez les plantules dans du terreau de rempotage. Arrosez-les et apportez un engrais complet pendant la croissance. Ces plantes perdent leur partie aérienne en automne. Les plantules âgées d'un an peuvent être repiquées en pépinière. Protégez-les avec une cloche pour l'hiver. Hivernez les jeunes plantes en pot sous châssis froid.

1 Coupez les tiges florales entre la fin de l'été et le début de l'automne, quand les fruits brunissent et que les bractées se dessèchent et deviennent parcheminées. Tirez avec précaution les fruits hors des bractées.

2 Écrasez délicatement les fruits entre le pouce et l'index pour extraire les graines. Rincez-les si elles ne sont pas parfaitement propres et séchez-les avant de les semer en pots ou terrines emplis de terreau de semis ordinaire.

Agapanthus

Agapanthe Alliacées/Liliacées

QUAND SEMER
Au printemps ou en automne.

TRAITEMENT AVANT SEMIS
Aucun.

COMMENT SEMER
En pots ou terrines emplis de terreau de semis ordinaire additionné de gravillon, perlite ou vermiculite.

GERMINATION
18 à 24 jours.

DÉLAI DE FLORAISON
2 à 3 ans.

TAILLE ADULTE
90 cm x 60 cm.

Peu de plantes rivalisent avec le bleu de l'agapanthe, une vivace dont les fleurs rassemblées en ombelles s'épanouissent à la fin de l'été et en automne. Il existe également des formes blanches, bizarrement moins prisées des jardiniers. Les agapanthes prospèrent en contenants ; il semble que leur floraison est plus abondante quand les plantes ont été tassées les unes contre les autres pendant quelques années.

Pourquoi semer ?

Ces plantes fleurissent mieux lorsqu'on ne les dérange pas. Plutôt que de diviser les touffes, récoltez les graines. Les plantes issues de semis sont faciles à cultiver et les plantules offrent de belles variations de profondeur du bleu floral.

L'entretien des plantules

Repiquez les plantules dans du terreau de rempotage additionné de gravillon, perlite ou vermiculite. Arrosez et apportez régulièrement de l'engrais pendant la pleine croissance, au printemps et en été. Hivernez les plantules sous châssis froid jusqu'à ce qu'elles atteignent la taille de floraison.

1 Coupez les tiges florales en automne. Si les capsules de graines sont encore vertes et fermées, faites-les sécher la tête en bas. À maturité, les capsules se fendent dans la longueur pour libérer plusieurs graines noires.

2 Extrayez les graines des capsules et débarrassez-les de tout fragment de matière parcheminée. Semez immédiatement ou conservez les graines pour les semer au printemps suivant.

Alcea

Rose trémière Malvacées

QUANDO SEMER

De la fin de l'été à l'automne ; les graines du commerce peuvent être semées au printemps.

TRAITEMENT AVANT SEMIS

Aucun.

COMMENT SEMER

En pots ou terrines emplis de terreau de semis ordinaire surfacé avec du gravillon, de la perlite ou de la vermiculite.

GERMINATION

6 à 10 jours ; la levée des semis d'automne est plus lente.

DÉLAI DE FLORAISON

1 an ; les semis précoces fleurissent parfois dans l'année.

TAILLE ADULTE

1,50 m x 2,50 m.

Tout jardin champêtre digne de ce nom abrite ces vivaces aux hampes imposantes portant en été des fleurs blanches, crème ou roses, voire d'un violacé rougeâtre spectaculaire. Les formes doubles sont également très séduisantes.

Pourquoi semer ?

Toutes les roses trémières sont sujettes à la rouille, il est donc impératif de les remplacer régulièrement par de jeunes plantes issues de semis. Bon nombre de jardiniers les traitent comme des annuelles ou des bisannuelles et vous trouverez des souches variées dans les catalogues et les jardineries. Les graines que vous récolterez vous-même donneront des résultats plus aléatoires.

L'entretien des plantules

Repiquez les plantules dans des pots individuels emplis de terreau de rempotage ou transplantez-les en pépinière. Plantez-les en pleine terre quand elles sont assez développées, généralement au bout d'un an. Les semis précoces peuvent fleurir dans l'année. Arrosez les plantes en pot et appliquez-leur un engrais au printemps et en été.

1 Coupez les tiges florales quand elles se dessèchent. Les capsules devraient commencer à s'ouvrir. Secouez-les pour faire tomber les graines. Semez immédiatement ou conservez les graines pour les semer le printemps suivant.

2 Semez en pots ou terrines emplis de terreau de semis ordinaire. Pressez-les très légèrement sur le terreau et surfacez avec du sable grossier, de la perlite ou de la vermiculite.

Allium

Ail d'ornement Liliacées

QUAND SEMER
Semez les graines dès qu'elles sont arrivées à maturité, de l'été à l'automne selon l'espèce.

TRAITEMENT AVANT SEMIS
Aucun.

COMMENT SEMER
En pots ou terrines emplis de terreau de semis ordinaire additionné de gravillon, de perlite ou de vermiculite.

GERMINATION
Généralement dans les 12 semaines suivant le semis.

DÉLAI DE FLORAISON
1 à 5 ans selon l'espèce.

TAILLE ADULTE
30 cm x 10 cm, et jusqu'à 2 m x 20 cm selon l'espèce.

Les têtes florales d'*Allium*, d'une précision géométrique, sont des globes parfaits de fleurs blanches, mauves, jaunes et violet-bleu. Certaines espèces fleurissent au début du printemps, d'autres au début de l'été. Les graines arrivent à maturité environ huit à douze semaines après la floraison.

Pourquoi semer ?

Les bulbes de plusieurs grandes espèces sont assez coûteux. Cela vaut donc la peine de récolter les graines, si vous avez la patience d'attendre la floraison des jeunes plantes.

L'entretien des plantules

Arrosez les plantules et appliquez un engrais complet pendant la croissance. Interrompez l'arrosage et les apports d'engrais quand les parties aériennes commencent à se faner, entre la fin de l'été et l'automne. Rempotez les bulbilles tous les ans en automne dans du terreau de rempotage additionné de gravillon, de perlite ou de vermiculite, jusqu'à ce qu'elles soient assez développées pour être installées en pleine terre.

1 Détachez les capsules une à une quand elles commencent à s'ouvrir, puis secouez-les délicatement pour faire tomber les graines. Semez en pots ou terrines emplis de terreau sableux et placez les contenants en extérieur.

2 En automne, après que les graines ont germé et que les parties aériennes ont fané, videz le pot avec précaution et séparez les bulbilles. Rempotez-les dans du terreau frais pour assurer la croissance au cours de l'année suivante.

Alstrœmeria

Alstrœmère, lys des Incas Alstrœmériacées

QUAND SEMER
De la fin de l'été à l'automne, à maturité.

TRAITEMENT AVANT SEMIS
Aucun.

COMMENT SEMER
En pots emplis de terreau de rempotage surfacé avec du gravillon, de la perlite ou de la vermiculite.

GERMINATION
10 à 12 semaines ou plus ; la germination est parfois irrégulière.

DÉLAI DE FLORAISON
2 à 3 ans.

TAILLE ADULTE
60 cm x 60 cm.

Ces plantes ravissantes affichent leurs fleurs délicieusement marquées en été. Dans les régions froides, veillez à leur procurer une situation chaude et abritée et à ne pas les déranger. Au bout de quelques années, elles formeront des touffes de taille respectable.

Pourquoi semer ?

Il est pratiquement impossible de transplanter les alstrœmères, car leurs racines sont d'une extrême fragilité. Par conséquent, si vous souhaitez les multiplier, l'idéal est de cultiver en pots des plantes issues de semis et de les installer en pleine terre quand elles ont atteint la taille de floraison.

L'entretien des plantules

Maintenez les semis à 20 °C pendant trois semaines, puis mettez-les au réfrigérateur pendant quatre semaines. Maintenez-les ensuite à 20 °C pendant quatre semaines environ ou jusqu'à la levée. Arrosez généreusement les plantules et appliquez un engrais complet pendant la pleine croissance. Tous les automnes, elles perdront complètement leurs parties aériennes.

1 Coupez les tiges florales quand elles sont desséchées, entre le milieu et la fin de l'automne. Ouvrez les capsules avec précaution car elles sont assez fragiles. Tapotez-les pour faire tomber les graines noires sphériques.

2 Semez en pots emplis de terreau de rempotage. Les racines d'*Alstrœmeria* ne supportant pas d'être dérangées, choisissez un pot où elles seront à leur aise jusqu'au stade adulte. Surfacez avec du gravillon, de la perlite ou de la vermiculite.

Eucomis bicolor

Fleur ananas Hyacinthacées/Liliacées

QUAND SEMER
Au printemps.

TRAITEMENT AVANT SEMIS
Aucun.

COMMENT SEMER
En pots ou terrines emplis de terreau de semis ordinaire additionné de gravillon, de perlite ou de vermiculite.

GERMINATION
18 à 24 jours.

DÉLAI DE FLORAISON
2 à 3 ans.

TAILLE ADULTE
30 à 60 cm x 20 cm.

Ce bulbe originaire d'Afrique du Sud exhibe une grappe de fleurs dressée, surmontée d'un toupet de bractées semblable à celui de l'ananas. La rusticité d'*Eucomis* n'est pas absolument fiable, mais c'est une plante de contenant idéale qui peut hiverner sous abri dans les régions froides.

Pourquoi semer ?

Ce bulbe est à la limite de la rusticité, donc sensible au gel. Le semis est la meilleure méthode pour avoir en réserve des plantes de remplacement saines.

L'entretien des plantules

Maintenez les semis à 20 °C jusqu'à la germination. Arrosez les plantules et appliquez un engrais complet pendant la pleine croissance. Elles perdront complètement leurs parties aériennes à chaque automne. Rempotez les bulbilles tous les ans, au printemps ou en automne, dans du terreau de rempotage additionné de gravillon, de perlite ou de vermiculite, jusqu'à ce que les plantes atteignent la taille de floraison.

1 Coupez les tiges florales quand les capsules sont desséchées. Les graines noires sont nettement visibles dès que les capsules s'ouvrent.

2 Si vous êtes adroit, extrayez les graines de leur capsule entre le pouce et l'index ; sinon, aidez-vous d'une pince à épiler. Semez en pots ou terrines emplis de terreau bien drainant.

LES FOUGÈRES

Ptéridophytes

QUAND SEMER
De l'été à l'automne, quand les spores sont à maturité.

TRAITEMENT AVANT SEMIS
Aucun.

COMMENT SEMER
En pots ou terrines emplis de terreau de semis ordinaire. Arrosez le terreau avec de l'eau bouillante pour le stériliser avant de semer.

GERMINATION
4 à 6 semaines.

TAILLE ADULTE
23 cm x 23 cm, jusqu'à 2 m x 2 m selon l'espèce.

Les fougères, caduques pour les unes, persistantes pour les autres, sont idéales dans un site ombragé, notamment en sol humide. Ce sont des plantes primitives dépourvues de fleurs et, par conséquent, de graines ; la reproduction est assurée par des spores.

Pourquoi semer ?

Comme certaines fougères se prêtent mal à la division, le semis de spores est la meilleure technique pour obtenir de nouvelles plantes en quantité. Chez quelques espèces, des variations étonnantes se produisent parfois au niveau des frondes, très frisées.

L'entretien des plantules

Au bout de quelques jours, soulevez délicatement la fronde : les spores formeront comme de la poussière rouille. Garnissez des pots ou des terrines de terreau de semis. Disséminez les spores sur la surface du terreau, puis placez les contenants sous serre de multiplication, dans un endroit chaud à l'abri du soleil direct. Au bout de quelques semaines une « mousse » verte va se former sur le terreau. Quand les petites frondes vont apparaître, repiquez-les en terrines ou en godets. Quand elles seront assez développées, rempotez individuellement les jeunes fougères dans des pots emplis de terreau de rempotage. Ne laissez jamais les fougères se dessécher en cours de croissance, à aucun stade de leur développement. Apportez un engrais complet aux jeunes plantes pendant la saison de croissance.

1 De l'été à l'automne, cherchez les frondes à maturité. Coupez-les à la base avec des ciseaux ou un sécateur.

2 Cherchez sur le revers des frondes des capsules renflées qui indiquent que les spores sont mûres. Posez délicatement la fronde sur une feuille de papier blanc et attendez que les spores tombent.

LES GRAMINÉES

Graminées/Poacées

QUAND SEMER
De préférence en automne dès que les graines sont à maturité, ou au printemps.

TRAITEMENT AVANT SEMIS
Aucun.

COMMENT SEMER
En pots ou terrines emplis de terreau de semis ordinaire surfacé avec du gravillon ou du sable grossier.

GERMINATION
2 semaines ou plus selon l'espèce.

DÉLAI DE FLORAISON
2 à 4 ans.

TAILLE ADULTE
15 cm x 15 cm, jusqu'à 1,50 m x 1,50 m selon l'espèce.

Les graminées forment une famille très vaste qui comprend des espèces persistantes ou caduques, voire des annuelles. Il existe réellement une graminée adaptée à chaque site : ensoleillé, ombragé, terrain humide, terrain sec. Il est donc essentiel de bien choisir ses variétés. Toutes les espèces se reproduisent volontiers à partir de semis.

Pourquoi semer ?

Il est toujours gratifiant de semer des graminées car les résultats sont parfois inattendus et passionnants ; par ailleurs, certaines annuelles se reproduisent uniquement par semis. Quasiment toutes les espèces sont cultivées pour leurs fleurs durables et leurs épis fructifères, qui restent sur la plante une bonne partie de l'hiver et constituent donc une réserve de graines.

L'entretien des plantules

Placez les contenants sous châssis froid ou en extérieur jusqu'à la levée. Abritez les plantules sous châssis froid pour l'hiver. Rappelez-vous que les espèces caduques perdent leurs parties aériennes. Repiquez les jeunes plantes dans du terreau de rempotage. Arrosez généreusement et appliquez un engrais complet pendant la pleine croissance, du printemps à l'automne.

1 Coupez les inflorescences en graines entre la fin de l'été et l'automne, quand elles sont sèches et beiges. Détachez délicatement les graines une à une (il arrive qu'elles soient légèrement poisseuses).

2 Semez en pots ou en terrines sur la surface du terreau de semis. Couvrez d'une fine couche de gravillon ou de sable grossier pour maintenir les graines en place. Vous pouvez stocker les graines pour l'hiver et les semer au printemps, mais le pourcentage de réussite sera plus faible.

Helleborus

Hellébore Renonculacées

QUAND SEMER
De l'été à l'automne à maturité des graines, ou au printemps en stockant les graines l'hiver.

TRAITEMENT AVANT SEMIS
Aucun.

COMMENT SEMER
En pots ou terrines emplis de terreau de semis ordinaire surfacé avec du gravillon.

GERMINATION
Parfois 4 semaines environ ; il arrive que les graines semées tard dans l'année ne germent qu'au printemps suivant. La levée est irrégulière et demande parfois jusqu'à 12 mois.

DÉLAI DE FLORAISON
2 ans.

TAILLE ADULTE
45 cm x 45 cm, plus ou moins selon l'espèce.

Ces vivaces sont de plus en plus présentes dans nos jardins et elles le méritent. Leurs fleurs en coupe, aux tons parfois éclatants, s'épanouissent à partir du milieu de l'hiver et pendant une bonne partie du printemps. Un nombre croissant d'hybrides apparaît dans le commerce, mais ils ne surpassent pas les espèces, qui peuvent toutes être multipliées par semis.

Pourquoi semer ?

Comme les hellébores demandent parfois un an ou deux pour se remettre d'une division, il est souvent plus prudent de miser sur les semis pour constituer une réserve de plantes. *H. orientalis*, notamment, est doté d'un patrimoine génétique important et réserve souvent de belles surprises pour la couleur de ses fleurs.

L'entretien des plantules

Après la levée, repiquez les plantules dans des pots individuels emplis de terreau de rempotage. Appliquez un engrais complet et arrosez généreusement pendant la pleine croissance, du printemps à l'été. Plantez-les à leur emplacement définitif quand elles ont atteint la taille de floraison. Arrosez régulièrement les jeunes plants, qui sont parfois lents à s'établir.

1 Récoltez les graines quand les capsules à maturité commencent à s'ouvrir, généralement douze semaines environ après l'épanouissement des fleurs.

2 Semez les graines à la surface du terreau et couvrez-les d'une couche de gravillon horticole. Placez les contenants en extérieur pour lever la dormance des graines.

Iris fœtidissima

Iris puant, iris gigot Iridacées

QUAND SEMER
En automne, dès que les graines sont à maturité.

TRAITEMENT AVANT SEMIS
Aucun.

COMMENT SEMER
En pots ou terrines emplis de terreau de semis ordinaire surfacé avec du gravillon ; placez les contenants en extérieur.

GERMINATION
4 à 12 mois.

DÉLAI DE FLORAISON
2 ans.

TAILLE ADULTE
90 cm x 15 cm.

Ne vous laissez pas décourager par le nom de cette plante, souvent décrite comme une plante de marécage, car toutes les parties malodorantes sont souterraines. Ce ne sont pas ses fleurs qui séduisent le plus chez cet iris ; d'un orange mat, elles sont petites, comparées à la taille globale de la plante. Mais ses graines orange vif sont d'un effet très remarqué dans la grisaille de l'hiver.

Pourquoi semer ?

Si vous ne possédez qu'un seul de ces iris et que vous souhaitez le reproduire en quantité, le semis est la méthode la plus rapide pour constituer une collection.

L'entretien des plantules

Semez les graines à la surface du terreau, puis couvrez-les d'une couche de gravillon horticole. Placez les contenants en extérieur. Après la levée, arrosez et appliquez régulièrement un engrais complet pendant la pleine croissance. Ces plantes aimant l'humidité, veillez à ce que les plantules ne se dessèchent jamais. Abritez-les sous châssis froid pour l'hiver. Installez-les à leur emplacement définitif quand elles sont assez développées, généralement au bout d'un an ou deux.

1 Retirez délicatement les baies des capsules quand celles-ci s'ouvrent, entre le milieu et la fin de l'automne. Écrasez légèrement les fruits pour extraire les graines.

2 Rincez les graines à l'eau et séchez-les sur du papier absorbant. Il est préférable de les semer immédiatement, mais vous pouvez les conserver tout l'hiver et les semer au printemps suivant.

Liatris spicata

syn. *L. callilepis* horticole Plume du Kansas Astéracées/Composées

QUAND SEMER
En automne ou au printemps ; les semis d'automne risquent de ne pas germer avant le printemps suivant.

TRAITEMENT AVANT SEMIS
Aucun.

COMMENT SEMER
En pots ou terrines emplis de terreau de semis ordinaire surfacé avec du gravillon ou du sable grossier.

GERMINATION
3 à 4 semaines ; la germination peut être plus rapide à 18 °C.

DÉLAI DE FLORAISON
2 ans.

TAILLE ADULTE
1,50 m x 45 cm.

Cette plante est très curieuse car sa silhouette n'est pas assez nette pour la qualifier d'architecturale et sa teinte pas assez éclatante pour en faire un point de mire dans le jardin. Mais ses grappes de fleurs mauve sourd introduisent une touche de profondeur dans les plates-bandes estivales tardives. Elle appartient à la famille des marguerites, bien qu'elle ne leur ressemble pas, et oppose un beau contraste aux asters et rudbeckias.

Pourquoi semer ?

L'espèce est une plante d'une grande beauté qui mérite d'être systématiquement multipliée par semis. Les plantules offrent parfois des variations de teintes florales et il arrive que des formes blanches ou violettes apparaissent.

L'entretien des plantules

Placez les pots sous serre de multiplication ou sous châssis froid jusqu'à la levée. Repiquez les plantules dans des pots emplis de terreau de rempotage. Arrosez et appliquez régulièrement un engrais complet pendant la pleine croissance, du printemps à l'été. Installez les jeunes plantes en pleine terre quand elles sont assez développées, généralement au bout d'un an ou deux.

1 Coupez les inflorescences entre le milieu et la fin de l'automne, quand elles se dessèchent et deviennent duveteuses. Détachez les graines de l'épi floral.

2 Semez les graines à la surface du terreau de semis ordinaire, en pots ou en terrines. Couvrez les graines d'une couche de gravillon fin ou de sable grossier pour les maintenir en place.

Lilium regale

Lis royal Liliacées

QUAND SEMER
En automne, quand les capsules s'ouvrent. Vous pouvez aussi conserver les graines et les semer au printemps.

TRAITEMENT AVANT SEMIS
Aucun.

COMMENT SEMER
En pots ou terrines emplis de terreau de semis ordinaire surfacé avec du gravillon ou du sable grossier.

GERMINATION
2 à 4 semaines ; les semis d'automne risquent de ne pas germer avant le printemps suivant.

DÉLAI DE FLORAISON
3 ans.

TAILLE ADULTE
60 cm ou plus x 10 cm.

C'est peut-être le plus beau des lis, en particulier quand ses trompettes blanches au parfum grisant s'épanouissent en été. L'intensité des veinures violettes à l'extérieur des fleurs est variable chez les plantes issues de semis ; certaines sont fortement teintées alors que d'autres affichent des fleurs d'un blanc quasiment pur.

Pourquoi semer ?

Avec les lis, le semis est une méthode garantie pour obtenir des plantes dépourvues de virus. Dans les plates-bandes, notamment si la terre est détrempée, les bulbes risquent de pourrir ; les semis permettent donc de constituer des réserves.

L'entretien des plantules

Appliquez un engrais complet aux plantules pendant la pleine croissance, au printemps et en été. Tous les automnes, quand les parties aériennes sont fanées, rempotez les plantes dans des pots emplis de terreau de rempotage frais additionné de gravillon, perlite ou vermiculite. Enfoncez les bulbes à une profondeur double de leur hauteur. Abritez-les sous châssis froid pour l'hiver.

1 Secouez délicatement les capsules ouvertes pour libérer les graines. Semez-les à la surface du terreau, en pots ou en terrines, et couvrez-les d'une couche fine de gravillon horticole ou de sable grossier.

2 Placez les contenants en extérieur. Abritez-les sous châssis froid pour l'hiver. Rempotez les bulbilles tous les ans à l'automne. (Une bulbille ressemble à un bulbe adulte en miniature.)

Lupinus

Lupin Légumineuses/Papilionacées

QUAND SEMER
Au printemps ou en automne.

TRAITEMENT AVANT SEMIS
Entaillez la graine, frottez-la avec du papier de verre ou faites-la tremper 24 heures.

COMMENT SEMER
En pots, en terrines ou en caissettes alvéolées emplis de terreau de semis ordinaire surfacé avec du gravillon, du sable grossier, de la perlite ou de la vermiculite.

GERMINATION
2 à 3 semaines.

DÉLAI DE FLORAISON
2 ans.

TAILLE ADULTE
1 m x 75 cm

Les lupins affichent des grappes massives richement colorées, idéales dans les plates-bandes. Moins élégants que les delphiniums, ils offrent en revanche une palette de tons plus variée : blanc, crème, rose, rouge, violet et bleu. Apparemment, c'est dans un sol acide qu'ils se portent le mieux.

Pourquoi semer ?

Les lupins sont sujets à diverses maladies et viroses. Pour la santé de l'ensemble du jardin, il est bon de remplacer les plantes les plus anciennes et les plus vulnérables par de nouveaux sujets issus de semis. Récoltez les graines de vos plantes ou achetez des graines de variétés souches.

L'entretien des plantules

Repiquez les plantules dès qu'elles sont assez développées. Hivernez-les sous châssis froid. Appliquez un engrais complet et arrosez régulièrement pendant la pleine croissance, du printemps à l'été. Installez-les à leur emplacement définitif quand elles auront atteint la taille de floraison, généralement au bout d'un an.

1 Coupez les hampes florales entre le milieu et la fin de l'automne. Ouvrez les capsules en deux avec précaution pour en retirer les graines rondes et noires.

2 Faites tremper les graines 24 heures dans l'eau chaude pour accélérer la germination. Semez en pots, en terrines ou en caissettes alvéolées emplis de terreau de semis ordinaire. Surfacez avec du gravillon, du sable grossier, de la perlite ou de la vermiculite.

Nectaroscordum siculum

syn. *Allium siculum* Alliacées/Liliacées

QUAND SEMER
En automne ou au printemps ; les semis d'automne risquent de ne pas germer avant le printemps suivant.

TRAITEMENT AVANT SEMIS
Aucun.

COMMENT SEMER
En pots ou terrines emplis de terreau de semis ordinaire surfacé avec du gravillon ou du sable grossier.

GERMINATION
2 à 4 semaines ; les semis d'automne sont parfois plus lents à lever.

DÉLAI DE FLORAISON
3 ans.

TAILLE ADULTE
1,20 m x 10 cm.

Cette plante est l'une de nos préférées, malgré son charme discret. Ses fleurs en clochette, dans des tons de vert et de crème, pendent avec grâce et modestie sur de courtes hampes. Plantées au voisinage de roses, elles leur opposent un beau contraste de forme.

Pourquoi semer ?

Le semis évite de déterrer les bulbes, une opération risquée car on a vite fait d'abîmer ceux-ci. Une seule plante produit une profusion de graines qui lèvent volontiers.

L'entretien des plantules

Placez les pots en extérieur jusqu'à la levée. Appliquez un engrais complet et arrosez copieusement les plantules pendant la pleine croissance, du printemps à l'été. En automne, quand les parties aériennes sont fanées, videz le terreau et sortez les bulbilles. Rempotez-les dans du terreau de rempotage frais additionné de gravillon et abritez-les sous châssis froid pour l'hiver.

1 Coupez les hampes entre la fin de l'été et l'automne, quand les capsules commencent à s'ouvrir. Secouez celles-ci pour faire tomber les graines. Semez sur du terreau, et surfacez avec du sable grossier.

2 Quand les parties aériennes sont fanées, en automne, videz le terreau et récupérez les bulbilles. Rempotez-les tous les ans jusqu'à ce qu'elles atteignent la taille de floraison. Enterrez toujours les bulbilles à une profondeur double de leur hauteur.

Paeonia mlokosewitschii

Pivoine du Caucase Paéoniacées

QUAND SEMER
En automne, à maturité des graines ; sinon, conservez les graines et semez-les au printemps.

TRAITEMENT AVANT SEMIS
Stratification au réfrigérateur ou en extérieur.

COMMENT SEMER
En pots ou terrines emplis de terreau de rempotage.

GERMINATION
6 à 18 mois ; la levée est irrégulière.

DÉLAI DE FLORAISON
3 à 4 ans.

TAILLE ADULTE
60 cm x 60 cm.

Cette superbe plante au nom botanique imprononçable reste l'une des vivaces les plus convoitées, même si ses fleurs jaune lune ne déploient leurs calices que pendant une courte semaine au printemps. Mais le spectacle est magnifique quand elles s'ouvrent parmi les feuilles gris anthracite.

Pourquoi semer ?

Les pivoines du Caucase mettent généralement des années à se rétablir lorsqu'elles sont transplantées car leurs racines charnues sont extrêmement fragiles. Cette plante est tellement rare qu'il est impératif de la multiplier par semis le plus souvent possible.

L'entretien des plantules

Stratifiez les graines artificiellement (voir ci-dessous) ou semez les graines fraîches en pots placés en extérieur. La levée de la dormance exige une exposition au gel ; la protection d'un châssis froid n'est donc pas nécessaire. Il arrive que les graines ne germent pas avant d'avoir subi le froid de deux hivers successifs. Appliquez un engrais complet aux plantules en pleine croissance. Abritez-les sous châssis froid pour l'hiver jusqu'à ce qu'elles soient assez développées pour être installées en pleine terre, généralement au bout de deux ou trois ans.

1 Récoltez les capsules entre le milieu et la fin de l'automne, quand elles se dessèchent et commencent à s'ouvrir en dévoilant leurs graines. Mélangez celles-ci dans un sac en plastique avec de la perlite ou de la vermiculite humidifiée.

2 Laissez les graines trois à quatre semaines au réfrigérateur, puis semez-les en pots emplis de terreau de rempotage. Placez les pots en extérieur. Rempotez les plantules au fur et à mesure de leur croissance en prenant grand soin de ne pas blesser les racines épaisses mais fragiles.

Papaver orientale

Pavot d'Orient Papavéracées

QUAND SEMER	En fin d'été quand les graines sont fraîches ou au printemps.
TRAITEMENT AVANT SEMIS	Aucun.
COMMENT SEMER	En pots ou terrines emplis de terreau de semis ordinaire.
GERMINATION	Généralement 2 semaines pour les semis de printemps ; les semis de fin d'été risquent de ne pas lever avant le printemps suivant.
DÉLAI DE FLORAISON	2 ans.
TAILLE ADULTE	90 cm x 90 cm.

Les pavots illuminent la fin du printemps quand ils épanouissent leurs fleurs de satin aux remarquables taches intérieures noires. Les plantes issues de semis affichent généralement des fleurs d'un rouge éclatant, mais il arrive également qu'elles offrent des tons de rose et qu'elles soient doubles.

Pourquoi semer ?

Le semis est la technique la plus rapide pour constituer une réserve de pavots, car il est difficile de diviser ces plantes.

L'entretien des plantules

Rempotez les plantules tous les ans dans du terreau de rempotage ou transplantez-les en pépinière. Apportez un engrais complet aux plantes en pots au printemps et en été et arrosez-les régulièrement. Les parties aériennes se flétrissent en hiver. Plantez les jeunes pavots à leur emplacement définitif quand ils ont atteint leur taille de floraison.

1 Coupez les tiges florales sèches à la fin de l'été et tapotez-les sur du papier pour récupérer les graines. Semez en pots ou en terrines et placez sous châssis froid jusqu'à la germination. Vous pouvez conserver les graines tout l'hiver et les semer au printemps.

2 Rempotez les plantules au fur et à mesure de leur croissance et accordez-leur l'espace d'un pot individuel dès qu'elles sont assez grandes. Plantez-les à leur emplacement définitif dès qu'elles ont atteint la taille requise.

Phlomis russeliana

syn. *P. samia* horticole, *P. viscosa* horticole Labiées/Lamiacées

QUAND SEMER
En automne ou au printemps ; les semis d'automne risquent de ne pas germer avant le printemps suivant.

TRAITEMENT AVANT SEMIS
Aucun.

COMMENT SEMER
En pots ou terrines emplis de terreau de semis ordinaire additionné de gravillon, de perlite ou de vermiculite.

GERMINATION
2 à 4 semaines.

DÉLAI DE FLORAISON
2 ans.

TAILLE ADULTE
90 cm x 75 cm.

Les *Phlomis* vivaces, qui arborent de grandes feuilles vert tendre pendantes et des verticilles de fleurs jaune tendre en forme de casque, sont moins cultivées que les espèces arbustives. Pourtant, cette plante originaire du Moyen-Orient offre une toile de fond superbe à d'autres vivaces plus spectaculaires.

Pourquoi semer ?

Cette espèce fait partie des plantes architecturales qu'il est préférable de ne pas rabattre après la floraison car ses tiges rigides et ses capsules alvéolées sont très décoratives lorsque le gel les fait briller. Pourquoi ne pas récolter les graines tardivement dans l'automne ? On peut diviser les plantes adultes, mais le semis est la meilleure solution pour obtenir rapidement de nouvelles plantes en quantité importante.

L'entretien des plantules

Repiquez les plantules dans des pots individuels emplis de terreau de rempotage ou de terreau universel ; sinon, transplantez-les en pépinière. Arrosez et appliquez régulièrement un engrais complet pendant la pleine croissance, du printemps à l'automne. Protégez-les du froid en hiver : placez les contenants sous châssis froid et couvrez les plantes en pleine terre d'une cloche.

1 Coupez les hampes florales quand elles sont sèches et ont viré au brun-beige. Secouez délicatement les capsules pour faire tomber les graines. Semez-les immédiatement ou conservez-les et semez-les au printemps suivant.

2 Semez en pots ou terrines emplis de terreau de semis ordinaire additionné de gravillon, de perlite ou de vermiculite. Placez les contenants sous serre de multiplication, entre 15 et 18 °C, pour accélérer la germination.

Verbena bonariensis

syn. *V. patagonica* Verbénacées

QUAND SEMER
En automne ou du printemps à l'été en extérieur ; également à partir de la fin de l'hiver sous serre de multiplication.

TRAITEMENT AVANT SEMIS
Aucun.

COMMENT SEMER
En pots ou terrines emplis de terreau de semis ordinaire surfacé avec du sable grossier, de la perlite ou de la vermiculite.

GERMINATION
2 à 3 semaines.

DÉLAI DE FLORAISON
2 ans, mais il arrive que les semis précoces fleurissent au cours de la même saison.

TAILLE ADULTE
1,50 m x 30 cm.

La popularité croissante et méritée de cette plante est absolument remarquable. Portées par des hampes fines et hautes, carrées en coupe transversale, les inflorescences sont petites mais leur violet lumineux est du plus bel effet, notamment lorsqu'elles sont éparpillées en quantité parmi des plantes à port plus bas. Une brume violacée semble alors flotter dans l'air comme un nuage de poussière.

Pourquoi semer ?

L'effet de cette plante repose sur le nombre. On n'en a donc jamais trop et le semis est la technique la plus économique pour obtenir un stock important dans le laps de temps le plus court. Et comme elle est à la limite de la rusticité et de l'éphémère, il est bon de prévoir le renouvellement.

L'entretien des plantules

Rempotez les plantules au fur et à mesure de leur croissance en pots emplis de terreau de rempotage. Apportez de l'engrais et arrosez régulièrement pendant la pleine croissance, au printemps et en été. Plantez-les à leur emplacement de floraison quand elles sont assez développées. Abritez les semis d'été sous châssis froid pour l'hiver.

1 Récoltez les graines à la fin de l'été et en automne ou achetez-les dans le commerce. Les graines sont assez fines, mais il est quand même possible de les semer individuellement.

2 Semez les graines à la surface du terreau, puis couvrez-les d'une fine couche de sable grossier, de perlite ou de vermiculite. Maintenez les semis à une température de 15 à 20 °C jusqu'à la levée. Les semis d'été peuvent germer en extérieur.

Les annuelles et bisannuelles

Dianthus barbatus
Erysimum cheiri
Helianthus annus
Lunaria annua
Matthiola incana
Myosotis sylvatica
Nicandra physalodes
Nicotiana
Nigella damascena
Oenothera biennis
Primula
Senecio cineraria
Viola

Dianthus barbatus

Œillet-de-poète Caryophyllacées

QUAND SEMER
Du printemps à l'automne, mais jamais par grosse chaleur en été ; les semis printaniers précoces fleuriront peut-être dans l'année.

TRAITEMENT AVANT SEMIS
Aucun.

COMMENT SEMER
En pots ou terrines emplis de terreau de semis ordinaire surfacé avec du gravillon, de la perlite ou de la vermiculite.

GERMINATION
14 à 30 jours.

DÉLAI DE FLORAISON
5 à 9 mois selon l'époque de semis.

TAILLE ADULTE
70 cm x 30 cm ou moins ; il existe des variétés naines.

Comment résister au charme de ces vivaces rustiques aux têtes bombées de fleurs blanches, roses ou rouge éteint ? La plupart sont délicieusement parfumées, mais pas toutes ; choisissez soigneusement vos variétés si vous recherchez cette fragrance poudrée caractéristique. Ce sont des fleurs de printemps, mais certaines variétés modernes peuvent être traitées comme des annuelles ; elles fleuriront alors tout au long de l'été.

Pourquoi semer ?

Dianthus barbatus est en fait une vivace rustique éphémère, mais vous obtiendrez les meilleurs résultats en replantant tous les ans de nouvelles plantes issues de semis.

L'entretien des plantules

Après la levée, poursuivez la culture des plantules à une température plus froide. Rempotez-les dans du terreau de rempotage. Arrosez et appliquez régulièrement un engrais complet jusqu'à ce que les plantes soient assez développées (environ 15 cm de haut) pour être installées en pleine terre. Hivernez sous châssis froid les semis d'automne destinés à une floraison précoce l'année suivante.

1 Sortez les graines du sachet. Elles sont juste assez grosses pour être manipulées une par une. Vous pouvez en réserver une partie pour des semis ultérieurs.

2 Semez en pots, terrines ou caissettes alvéolées emplis de terreau de semis ordinaire, puis surfacez avec du gravillon, de la perlite ou de la vermiculite. Couvrez d'un sac transparent et maintenez entre 15 et 20 °C jusqu'à la levée.

Erysimum cheiri

syn. *Cheiranthus cheiri* Giroflée jaune, ravenelle, rameau d'or Brassicacées/Crucifères

QUAND SEMER
Du printemps à la fin de l'été.

TRAITEMENT AVANT SEMIS
Aucun.

COMMENT SEMER
En pots, terrines ou caissettes alvéolées emplis de terreau de semis ordinaire surfacé avec du gravillon, de la perlite ou de la vermiculite. Sinon, semez en carré de semis en extérieur.

GERMINATION
14 à 21 jours.

DÉLAI DE FLORAISON
9 à 10 mois.

TAILLE ADULTE
30 cm x 30 cm, plus ou moins selon la variété.

Les giroflées sont des bisannuelles rustiques à floraison printanière que l'on marie classiquement avec des tulipes, auxquelles elles offrent une toile de fond idéale. Il existe des formes à coloris unique (crème, jaune et rouge carmin vif) ou à teintes mixtes. Il est déconseillé de cultiver les giroflées au même emplacement tous les ans. À l'instar des choux, dont elles sont parentes, elles sont sujettes à la hernie du chou, une maladie qui subsiste dans le sol. Si vous soupçonnez ce problème, cultivez-les dans de grands bacs avec des tulipes.

Pourquoi semer ?

Ces plantes peuvent être vivaces mais elles seront plus saines et plus décoratives si elles sont remplacées tous les ans par de nouveaux sujets.

L'entretien des plantules

Repiquez les plantules qui ont levé en contenants dans des pots emplis de terreau de rempotage. Transplantez les semis de printemps dans leur site de floraison en automne. Il est préférable d'hiverner sous châssis froid les petites plantes issues de semis tardifs. Si elles sont cultivées en carré de semis, protégez-les avec une cloche ou un voile de forçage par temps froid.

1 Sortez les graines du sachet. Elles sont assez grosses et vous ne devriez pas avoir de peine à les semer individuellement.

2 Semez une petite quantité de graines en godets ou en caissettes alvéolées, dans du terreau de semis ordinaire. Surfacez avec du gravillon, de la perlite ou de la vermiculite. Sinon, semez en sillons en extérieur.

Helianthus annus

Soleil, tournesol Astéracées/Composées

QUAND SEMER
Au printemps pour une floraison dans l'année. Hivernez les semis d'automne sous abri pour une floraison précoce l'année suivante.

TRAITEMENT AVANT SEMIS
Aucun.

COMMENT SEMER
En pots emplis de terreau de semis ordinaire ou en sillons en extérieur.

GERMINATION
7 à 21 jours.

DÉLAI DE FLORAISON
3 à 4 mois ; 6 à 8 mois pour les semis d'automne.

TAILLE ADULTE
2,50 m x 60 cm, ou moins ; il existe des variétés naines.

Difficile d'être insensible à l'éclat des tournesols, des annuelles rustiques qui arborent de grands disques radieux en été. Certaines variétés tournent leurs fleurs rayonnantes vers le soleil au sommet de hautes tiges épaisses, mais on en trouve aussi de plus modestes qui illuminent les plates-bandes et font de splendides bouquets. La palette des teintes va du crème au rouge profond en passant par le jaune vif.

Pourquoi semer ?

Bon nombre de jardiniers cultivent les tournesols pour leurs graines, aliment précieux dont les oiseaux raffolent. Si vous avez le courage de priver un peu ces derniers, coupez quelques inflorescences en fin d'automne. Rappelez-vous que les graines des variétés sélectionnées reviendront au type de l'espèce.

L'entretien des plantules

Rempotez les plantules au fur et à mesure de leur croissance dans du terreau de rempotage. Arrosez et appliquez régulièrement un engrais liquide. Les plantules issues de semis en extérieur doivent être protégées des souris.

1 Les graines de tournesol sont de belle taille et faciles à semer individuellement. (Les graines des variétés naines sont plus petites.)

2 Semez en godets ou en caissettes alvéolées. Couvrez les graines d'une couche de terreau équivalente à leur épaisseur. Sinon, semez en sillons en extérieur et espacez les graines de 30 à 45 cm selon la variété ; les grandes variétés demandent parfois plus d'espace.

Lunaria annua

syn. *L. biennis* Monnaie-du-pape Crucifères

QUAND SEMER
En fin d'été et pendant tout l'automne, ou au printemps.

TRAITEMENT AVANT SEMIS
Aucun.

COMMENT SEMER
En godets, terrines ou caissettes alvéolées emplis de terreau de semis ordinaire surfacé avec du gravillon, de la perlite ou de la vermiculite. Sinon, semez en carré de semis en extérieur au printemps.

GERMINATION
4 à 6 mois.

DÉLAI DE FLORAISON
10 semaines à 8 mois, selon la saison de semis.

TAILLE ADULTE
90 cm x 30 cm.

Cette bisannuelle rustique est très prisée dans les compositions florales pour ses graines décoratives, des disques blanc nacré translucides qui peuvent durer très longtemps. Les fleurs, en revanche, ont un aspect chétif. Violettes, ou plus rarement blanches, elles s'épanouissent au printemps. Si vous avez une préférence pour les fleurs blanches, procurez-vous des graines de *Lunaria annua* var. *albiflora*.

Pourquoi semer ?

Ces plantes se ressèment au gré de leur fantaisie, mais si vous voulez contrôler leur implantation ou si vous préférez une forme issue d'une sélection, mieux vaut les semer et les cultiver dans une plate-bande d'automne ou dans un carré de fleurs à couper.

L'entretien des plantules

Placez les contenants en extérieur en attendant la germination, qui ne se produira peut-être pas avant le printemps suivant. Les plantules qui lèvent avant l'hiver doivent hiverner sous châssis froid. Éclaircissez les semis d'extérieur si besoin est. Transplantez les plantules sur leur site de floraison quand elles atteignent 10 à 15 cm de haut.

1 Quand les capsules de graines sont blanc nacré et complètement desséchées, cueillez-les. Émiettez-les délicatement pour libérer les graines noires.

2 Semez en godets, terrines ou caissettes alvéolées emplis de terreau de semis ordinaire et surfacez avec du gravillon, de la perlite ou de la vermiculite. Sinon, semez en sillon en extérieur, mais uniquement au printemps.

Matthiola incana

Giroflée d'été Brassicacées/Crucifères

QUAND SEMER
Du printemps au début de l'été ; en automne pour une floraison précoce l'année suivante.

TRAITEMENT AVANT SEMIS
Aucun.

COMMENT SEMER
En godets, terrines ou caissettes alvéolées emplis de terreau de semis ordinaire surfacé avec du gravillon, de la perlite ou de la vermiculite. Maintenez les semis précoces entre 15 et 18 °C.

GERMINATION
8 à 12 jours.

DÉLAI DE FLORAISON
10 à 12 semaines ; les semis d'automne ne fleuriront pas avant le printemps suivant.

TAILLE ADULTE
50 cm x 30 cm ; les variétés naines sont plus compactes.

Dix semaines, c'est le temps qui s'écoule entre le semis et la floraison. Vous pouvez donc obtenir trois ou quatre vagues de fleurs dans l'année. La palette des couleurs est large (blanc, rose, crème, rouge et mauve) et il existe des formes doubles et naines. Les fleurs de la plupart de ces plantes sont parfumées, mais vous augmenterez ce plaisir en ajoutant quelques graines de *Matthiola bicornis*, qui exhale ses fragrances durant la nuit.

Pourquoi semer ?

Ces plantes sont d'authentiques vivaces, mais elles dégénèrent rapidement ; il est donc préférable de les traiter comme des annuelles ou des bisannuelles et de renouveler votre réserve tous les ans par semis.

L'entretien des plantules

Les semis précoces réalisés sous abri devront être rempotés au fur et à mesure de leur croissance dans du terreau de rempotage. Ils seront installés à leur emplacement définitif quand ils atteindront 10 cm de hauteur. Protégez d'une cloche les semis d'automne en extérieur. Les semis tardifs en pots gardés sous serre froide peuvent fleurir en hiver.

1 Les graines de *Matthiola* sont plates et assez grosses ; elles peuvent donc être manipulées facilement. Elles doivent être semées bien à plat.

2 Semez en godets, terrines ou caissettes alvéolées emplis de terreau de semis ordinaire et couvrez d'une fine couche de perlite ou de vermiculite. Vous pouvez aussi semer en sillons en extérieur ; espacez les graines de 30 cm environ, un peu moins pour les variétés naines.

Myosotis sylvatica

Myosotis Boraginacées

QUAND SEMER
En début d'été.

TRAITEMENT AVANT SEMIS
Aucun.

COMMENT SEMER
En godets, terrines ou caissettes alvéolées emplis de terreau de semis ordinaire surfacé avec de la perlite ou de la vermiculite. Sinon, semez en sillons en extérieur.

GERMINATION
14 à 30 jours.

DÉLAI DE FLORAISON
6 mois.

TAILLE ADULTE
30 cm x 15 cm ; certaines variétés sont plus compactes.

Bisannuelles rustiques, les myosotis sont indispensables dans les parterres de printemps et leur association avec des tulipes roses est un grand classique. Vérifiez soigneusement l'emballage des graines car la gamme des couleurs est plus variée qu'on ne l'imagine, avec des bleus profonds spectaculaires mais aussi des roses ou des blancs.

Pourquoi semer ?

Si ces plantes se ressèment souvent spontanément, il est quand même préférable d'acheter tous les ans des graines sélectionnées. Celles que vous récolterez vous-même généreront vraisemblablement des plantes moins robustes et de couleur moins vive.

L'entretien des plantules

Si vous avez semé en contenants, repiquez les plantules dans du terreau de rempotage. Si vous semez en carré de semis en extérieur, éclaircissez les plantules au fur et à mesure de leur croissance. Dans les deux cas, transplantez-les sur leur site de floraison entre la fin de l'hiver et le début du printemps. Veillez à respecter le bon espacement entre les plantes, 23 cm environ, car les plantes trop tassées sont sujettes au mildiou.

1 Sortez les graines noires brillantes de leur sachet. Elles sont petites, mais vous devriez réussir à les semer une par une.

2 Semez en godets, terrines ou caissettes alvéolées emplis de terreau de semis ordinaire et couvrez d'une couche mince de perlite ou de vermiculite. Placez les contenants en extérieur jusqu'à la levée.

Nicandra physalodes

Faux coqueret Solanacées

QUAND SEMER
Au printemps ou en automne.

TRAITEMENT AVANT SEMIS
Aucun.

COMMENT SEMER
En godets, terrines ou caissettes alvéolées emplis de terreau de semis ordinaire.

GERMINATION
10 à 14 jours ; les semis d'automne risquent de ne pas germer avant le printemps suivant.

DÉLAI DE FLORAISON
10 à 12 semaines.

TAILLE ADULTE
90 cm x 30 cm.

Tout comme *Lunaria annua* (voir page 116), cette annuelle est moins prisée pour ses fleurs, petites par rapport à la taille globale de la plante, que pour les superbes calices qui enveloppent ses fruits. Ces lanternes impressionnantes sont d'abord vertes flammées de pourpre, puis elles se dessèchent et révèlent en s'ouvrant des fruits noirs luisants.

Pourquoi semer ?

Voici l'une des rares annuelles couramment cultivées qui est une espèce pure et non une souche sélectionnée. Elle mérite que l'on préserve quelques graines chaque automne, à ressemer l'année suivante.

L'entretien des plantules

Repiquez les plantules individuellement en pots emplis de terreau de rempotage. Arrosez et appliquez régulièrement un engrais liquide pendant la saison de croissance. Hivernez sous châssis froid les plantules issues de semis tardifs. Plantez-les en pleine terre quand elles atteignent environ 15 cm de haut.

1 Récoltez les capsules une par une. Écartez délicatement la membrane pour dégager les fruits noirs, qui ressemblent à des tomates.

2 Pressez les fruits pour libérer les graines. Rincez celles-ci et séchez-les sur du papier absorbant. Semez immédiatement ou conservez les graines pour les semer le printemps suivant.

Nicotiana

Tabac Solanacées

QUAND SEMER
Pendant tout le printemps.

TRAITEMENT AVANT SEMIS
Aucun.

COMMENT SEMER
En godets, terrines ou caissettes alvéolées emplis de terreau de semis ordinaire surfacé avec de la perlite ou de la vermiculite. Les graines peuvent également être semées en extérieur quand tout risque de gel est écarté.

GERMINATION
1 à 3 semaines.

DÉLAI DE FLORAISON
3 à 5 mois.

TAILLE ADULTE
30 cm x 20 cm, plus ou moins selon l'espèce souche.

Un vrai jardin ne saurait se concevoir sans une généreuse pincée de tabac. Certes, par temps chaud, les fleurs en trompette ont tendance à pendre avec une allure tout à fait abattue, mais dès que la température baisse, en soirée, elles se redressent et exhalent un parfum d'encens des plus grisants. Il existe des formes blanches, roses et rouge magenta, ainsi qu'un vert chartreuse froid.

Pourquoi semer ?

Au Mexique, leur pays d'origine, les *Nicotiana* sont vivaces mais, comme elles fleurissent l'année même du semis, elles sont toujours traitées comme des annuelles semi-rustiques sous les climats plus froids.

L'entretien des plantules

Repiquez les plantules et rempotez-les au fur et à mesure de leur croissance dans du terreau de rempotage. Arrosez et appliquez régulièrement un engrais liquide jusqu'à la transplantation en pleine terre, quand tout risque de gel nocturne est écarté. Vous pouvez aussi semer en extérieur, sur le site de floraison, mais attendez d'être sûr que les gelées soient définitivement terminées.

1 Sortez les graines du sachet. Elles sont petites et difficiles à semer individuellement. Si vous semez au printemps, gardez-en une partie pour un semis ultérieur.

2 Semez par pincées en pots ou caissettes alvéolées, ou en lignes en terrines, dans du terreau de semis ordinaire. Couvrez d'une fine couche de perlite ou de vermiculite. Maintenez les semis précoces sous abri vitré à une température de 18 à 21 °C.

Nigella damascena

Nigelle de Damas, cheveux-de-Vénus Renonculacées

QUAND SEMER
Au printemps ; en automne pour une floraison en fin de printemps l'année suivante.

TRAITEMENT AVANT SEMIS
Aucun.

COMMENT SEMER
En godets ou terrines emplis de terreau de semis ordinaire ; sinon en sillons en extérieur.

GERMINATION
10 à 25 jours.

DÉLAI DE FLORAISON
12 semaines ; les semis d'automne risquent de ne pas germer avant le printemps suivant.

TAILLE ADULTE
50 cm x 23 cm, plus ou moins selon l'espèce souche.

Ces annuelles rustiques sont indispensables dans un jardin champêtre. Outre le charme des fleurs bleues, roses ou blanches, la séduction des capsules est indéniable. Ces qualités esthétiques justifient que l'on en conserve une partie, tout en constituant une réserve de graines pour l'année suivante. Le nom commun « cheveux-de-Vénus » fait référence à la collerette de très fines feuilles qui entoure les fleurs.

Pourquoi semer ?

En règle générale, ces plantes se ressèment spontanément et produisent des fleurs de couleurs variées. Pour obtenir une couleur particulière, achetez des graines de souches spécifiques tous les ans.

L'entretien des plantules

Faites germer les graines en extérieur. Si vous avez semé en contenants, repiquez les plantules et rempotez-les au fur et à mesure de leur croissance dans du terreau de rempotage. Arrosez et appliquez régulièrement un engrais liquide jusqu'à ce qu'elles soient assez développées pour être plantées en extérieur, généralement quand elles atteignent 10 à 15 cm de haut environ. Éclaircissez les plantules semées en sillons. Abritez les semis d'automne en contenants sous châssis froid pour l'hiver. Si vous les cultivez en pépinière, protégez-les du froid avec une cloche.

1 Récoltez les capsules quand elles sont sèches et à pleine maturité. Si elles ne sont pas complètement sèches, suspendez-les tête en bas dans un endroit chaud, la cuisine par exemple, jusqu'à ce qu'elles virent à un beige uniforme.

2 Cassez délicatement les capsules pour libérer les graines. Semez immédiatement ou conservez les graines pour les semer le printemps suivant.

Œnothera biennis

Œnothère, onagre Onagracées

QUAND SEMER
En automne ou au printemps.

TRAITEMENT AVANT SEMIS
Aucun.

COMMENT SEMER
En godets, terrines ou caissettes alvéolées emplis de terreau de semis ordinaire. Surfacez avec du gravillon, du sable grossier, de la perlite ou de la vermiculite. Vous pouvez également semer en sillons au printemps.

GERMINATION
3 à 4 semaines.

DÉLAI DE FLORAISON
6 à 8 mois ; il arrive que les semis précoces de printemps fleurissent dans l'année.

TAILLE ADULTE
1 m x 40 cm.

C'est le soir que cette bisannuelle rustique révèle tous son charme. Quand la lumière du soleil commence à faiblir, les fleurs jaune tendre s'ouvrent comme des parasols. Choisissez bien l'endroit où vous les plantez pour savourer le plus souvent possible leur délicieux parfum.

Pourquoi semer ?

Ces plantes se ressèment volontiers de façon naturelle. Pour contrôler leur répartition dans le jardin, récoltez les graines à maturité et replantez les jeunes plantes là où vous souhaitez les voir fleurir.

L'entretien des plantules

Repiquez les plantules si vous les cultivez en contenants. Arrosez et appliquez régulièrement un engrais liquide. Rempotez-les au fur et à mesure de leur croissance jusqu'à ce qu'elles soient assez développées pour être installées en pleine terre, généralement quand elles atteignent 15 cm de haut. Si les semis d'automne lèvent rapidement, abritez les plantules sous châssis froid pour l'hiver. Éclaircissez les semis en extérieur si besoin. Transplantez-les sur leur site de floraison en automne.

1 Coupez les tiges florales quand les capsules virent au brun-beige et commencent à s'ouvrir. Tapotez délicatement ces dernières pour faire tomber les graines.

2 Semez en godets, terrines ou caissettes alvéolées emplis de terreau de semis ordinaire et surfacez avec du gravillon, du sable grossier, de la perlite ou de la vermiculite. Placez les contenants en extérieur. Sinon semez en sillons en extérieur, mais uniquement au printemps.

Primula

Primevère Primulacées

QUAND SEMER
De la fin de l'hiver au milieu de l'été.

TRAITEMENT AVANT SEMIS
Aucun.

COMMENT SEMER
En godets ou terrines emplis de terreau de semis ordinaire surfacé avec de la perlite ou de la vermiculite.

GERMINATION
10 à 30 jours.

DÉLAI DE FLORAISON
6 à 8 mois.

TAILLE ADULTE
15 cm x 15 cm.

Primula est une famille très vaste comportant essentiellement des vivaces. Les polyanthus sont aussi des vivaces, mais il est préférable, pour conserver leurs couleurs vives, de les traiter comme des bisannuelles rustiques et de cultiver de nouvelles plantes tous les ans, car les fleurs sont plus ternes et plus petites sur les sujets âgés.

Pourquoi semer ?

Les polyanthus se trouvent très couramment chez les fleuristes et dans les jardineries en début d'année, mais il est plus économique de les obtenir par semis.

L'entretien des plantules

Retirez le plastique qui couvre les semis dès la levée. Quand elles sont assez développées pour être manipulées, repiquez les plantules en pots ou terrines emplis de terreau de rempotage. Appliquez un engrais liquide et arrosez régulièrement pendant la croissance, mais maintenez les plantes au frais. Gardez-les à l'ombre par temps chaud en été et plantez-les en pleine terre en automne.

1 Les graines sont petites. La solution la plus facile consiste à vider le sachet sur une feuille de papier pliée au centre qui formera un toboggan.

2 Semez les graines en godets ou en terrines, sur la surface du terreau, et recouvrez-les d'une fine couche de perlite ou de vermiculite. Tendez un plastique transparent au-dessus des semis pour maintenir une température stable, idéalement entre 15 et 20 °C.

Senecio cineraria

syn. *Cineraria maritima* Astéracées/Composées

QUAND SEMER
De la fin de l'hiver au début du printemps.

TRAITEMENT AVANT SEMIS
Aucun.

COMMENT SEMER
En godets ou terrines emplis de terreau de semis ordinaire surfacé avec de la perlite ou de la vermiculite.

GERMINATION
10 à 21 jours.

DÉLAI DE FLORAISON
10 à 12 semaines, mais supprimez les bourgeons floraux pour favoriser la croissance foliaire.

TAILLE ADULTE
30 cm x 30 cm.

Cette semi-rustique à feuillage décoratif est une plante de bordure idéale pour une plate-bande profonde ou comme toile de fond de compositions colorées en bacs ou en jardinières. Supprimez tous les boutons floraux qui se forment. Pour conserver la beauté de la teinte foliaire, plantez *Senecio cineraria* en plein soleil, dans un sol pauvre et bien drainé, car un excès d'éléments nutritifs risque de faire virer les feuilles au vert.

Pourquoi semer ?

En région méditerranéenne, d'où elle est originaire, cette plante est en réalité un arbuste. Comme elle n'est à l'apogée de son charme que dans sa jeunesse et qu'elle n'est pas d'une rusticité absolument fiable, il est préférable de faire des semis tous les ans.

L'entretien des plantules

Maintenez les contenants à une température de 18 à 20 °C. Quand les graines ont germé, retirez le plastique et poursuivez la culture dans des conditions plus fraîches. Repiquez les plantules quand elles sont assez développées pour être manipulées. Arrosez et appliquez un engrais liquide régulièrement. Plantez les jeunes plantes en pleine terre quand elles atteignent 10 à 15 cm de haut et que tout risque de forte gelée est écarté.

1 Les graines ont l'aspect de graines de graminées. Vous devriez réussir à les manipuler une par une.

2 Semez les graines à la surface du terreau, en godets ou en terrines emplis de terreau de semis ordinaire, et couvrez d'une fine couche de perlite ou de vermiculite. Enveloppez les contenants d'un sac en plastique transparent.

Viola

Pensée, violette Violacées

QUAND SEMER
Du milieu à la fin de l'hiver.

TRAITEMENT AVANT SEMIS
Scarification.

COMMENT SEMER
En pots ou terrines emplis de terreau de semis ordinaire surfacé avec du gravillon, de la perlite ou de la vermiculite.

GERMINATION
2 à 3 semaines.

DÉLAI DE FLORAISON
4 à 6 mois.

TAILLE ADULTE
15 cm x 15 cm.

Peu d'annuelles rustiques sont aussi séduisantes que les pensées, dont les pétales veloutés déclinent une large palette de coloris, y compris le blanc et le crème classiques. On peut les semer tout au long de l'année pour obtenir une floraison ininterrompue, mais il est plus simple de les cultiver en vue d'une décoration estivale.

Pourquoi semer ?

Les pensées sont indispensables dans les jardinières, les suspensions et les bacs. Il est beaucoup plus économique de les obtenir par semis que de les acheter en plantes à repiquer. Laissez la culture des pensées d'hiver aux professionnels car elles doivent germer en été et, en cette saison, il est difficile pour les amateurs de reproduire les basses températures nécessaires à leur croissance.

L'entretien des plantules

Contrairement à de nombreuses annuelles, les pensées demandent un milieu ambiant froid pour germer. Maintenez les semis à une température inférieure à 10 °C jusqu'à la levée, puis abritez-les sous châssis froid. Rempotez-les au fur et à mesure de leur croissance dans du terreau de rempotage. Arrosez et appliquez régulièrement un engrais complet jusqu'à ce que les plantules soient assez développées (5 cm de haut environ) pour être installées en pleine terre.

1 Les graines sont enveloppées d'un tégument, qui n'est pas immédiatement visible et qui risque de bloquer la germination.

2 Frottez délicatement les graines entre des feuilles de papier de verre pour entamer le tégument et accélérer la germination. Semez en godets ou terrines emplis de terreau de semis ordinaire et surfacez avec du gravillon, du sable grossier, de la perlite ou de la vermiculite.

Les légumes et herbes aromatiques

Oignon
Betterave
Chou-fleur
Poivron
Potiron et courge
Laitue à couper
Haricot vert, haricot nain
Persil
Radis
Aubergine
Épinard
Maïs

Oignon

Allium cepa Liliacées

QUAND SEMER
De la fin de l'hiver au début du printemps.

TRAITEMENT AVANT SEMIS
Aucun.

COMMENT SEMER
En pots, terrines ou caissettes alvéolées emplis de terreau de semis ordinaire surfacé avec du gravillon ou du sable grossier ; sinon, en sillons en extérieur.

GERMINATION
5 à 10 jours.

DÉLAI DE RÉCOLTE
5 à 6 mois ou davantage.

TAILLE ADULTE
30 cm x 10 cm, plus ou moins selon la variété.

Ingrédient essentiel en cuisine, les oignons ont un cycle de croissance long, mais la patience est grandement récompensée. Correctement séchés en été, ils se conserveront tout l'hiver et vous n'en manquerez jamais pour agrémenter vos ragoûts et vos rôtis. Les oignons sont souvent cultivés à partir de bulbilles cultivées et récoltées avant maturité à des fins commerciales, mais il est plus économique de semer vos propres graines.

Les conditions de culture

Les oignons prospèrent dans un sol fertile plutôt léger et bien drainé. Si vous amendez le sol, procédez au moins trois mois avant les semis car les oignons n'apprécient guère le taux d'azote élevé présent dans un sol récemment fumé.

L'entretien des plantules

Repiquez les plantules en contenants et poursuivez la culture en pots emplis de terreau de rempotage jusqu'à ce qu'elles soient assez développées pour être transplantées en pleine terre. En extérieur, vous stimulerez la germination en couvrant les semis d'une cloche ou d'un voile de forçage. Éclaircissez les plantules à un espacement de 10 à 15 cm, selon la variété.

1 Les graines sont faciles à manipuler et, comme toutes les parties de la plante, dégagent une odeur caractéristique. Garnissez des pots, terrines ou caissettes alvéolées de terreau de semis.

2 Semez les graines à la surface du terreau, puis surfacez avec du gravillon. Placez les semis sous châssis froid. Vous pouvez également semer en sillons en extérieur. Les semis lèveront à une température supérieure à 7 °C.

Betterave

Beta vulgaris ssp. *vulgaris* Chénopodiacées

QUAND SEMER
Du début du printemps au milieu de l'été.

TRAITEMENT AVANT SEMIS
Aucun.

COMMENT SEMER
En pots, terrines ou caissettes alvéolées emplis de terreau de semis ordinaire ; sinon en sillons en extérieur.

GERMINATION
2 à 3 semaines.

DÉLAI DE RÉCOLTE
12 semaines, mais on peut aussi récolter des jeunes racines plus tôt.

TAILLE ADULTE
10 à 20 cm x 2,5 à 7,5 cm, selon la précocité de la récolte.

Excellente source de fibres et réputée pour sa richesse en éléments anti-cancérigènes, la betterave se consomme sans modération. Vous la récolterez jeune pour la déguster crue ou vous attendrez qu'elle atteigne la taille d'une balle de tennis pour la cuire à l'eau ou au four. Semez à des intervalles de quatorze jours à partir du printemps pour assurer des récoltes régulières tout au long de l'été et de l'automne. Et, surtout, ne jetez pas les jeunes feuilles. Essayez de les cuire comme des épinards ou du chou ; elles sont savoureuses et riches en fer.

Les conditions de culture

La betterave donne les meilleurs résultats dans un sol fertile plutôt léger et ayant récemment bénéficié d'un apport d'engrais à forte teneur en azote. Elle peut également être cultivée en contenants.

L'entretien des plantules

Semez à une température supérieure à 7 °C. Abritez sous châssis froid les semis précoces en contenants. Arrosez les plantules si elles montrent des signes de dessèchement. En extérieur, couvrez les plantules avec une cloche ou un voile de forçage pour une récolte précoce.

1 Les graines de betterave sont faciles à manipuler. Si vous semez en extérieur, respectez l'espacement recommandé pour la variété (5 cm ou moins si vous prévoyez de récolter de petites betteraves).

2 Si vous semez en pots, terrines ou caissettes alvéolées, garnissez ceux-ci de terreau de semis ordinaire. Vous transplanterez les jeunes plantes en pleine terre ultérieurement ou vous les rempoterez dans des contenants plus grands.

Chou-fleur

Brassica oleracea var. *botrytis* Brassicacées/Crucifères

QUAND SEMER
Du printemps à l'automne, selon la variété.

TRAITEMENT AVANT SEMIS
Aucun.

COMMENT SEMER
En pots, terrines ou caissettes alvéolées emplis de terreau de semis ordinaire surfacé avec de la perlite ou de la vermiculite ; sinon, en sillons en extérieur.

GERMINATION
1 à 2 semaines.

DÉLAI DE RÉCOLTE
À partir de 12 semaines pour les mini-choux-fleurs ; dans le cas de semis tardifs, les pommes peuvent demander jusqu'à 6 mois, ou plus, pour se développer.

TAILLE ADULTE
30 cm x 45 cm.

Les choux-fleurs sont beaux à regarder et bons à déguster. En dehors du blanc crème classique, certaines variétés offrent des pommes de couleur verte ou pourpre. Les semis successifs permettent de déguster des choux-fleurs tout au long de l'année. Les mini-choux se récoltent quand les pommes sont encore petites.

Les conditions de culture

Les choux-fleurs donnent les meilleurs résultats dans un sol fertile assez lourd. Certaines variétés se développent bien dans un sol moins fertile.

L'entretien des plantules

Maintenez les semis en contenants entre 15 et 20 °C jusqu'à la germination. Poursuivez la culture des plantules sous châssis froid en contenants emplis de terreau de rempotage. Arrosez dès que le terreau montre des signes de dessèchement. Plantez les semis précoces en pleine terre entre le milieu du printemps et le début de l'été. L'espacement entre les plantes doit être de 45 cm environ ou plus selon la variété. Les mini-choux demandent un espacement moins important. Les semis tardifs en pots doivent passer l'hiver sous châssis froid tandis que les semis tardifs en extérieur seront protégés du gel par une cloche ou un voile de forçage.

1 Les graines de chou-fleur sont petites et sphériques. Emplissez les contenants de terreau de semis ordinaire et pressez légèrement les graines sur la surface du terreau.

2 Couvrez les graines d'une couche légère de perlite ou de vermiculite. Cette méthode est conseillée pour les semis de début de printemps et d'automne. À partir du milieu du printemps et pendant tout l'été, les semis peuvent être réalisés en extérieur.

Poivron

Capsicum annuum var. *grossum* Solanacées

QUAND SEMER
En début de printemps.

TRAITEMENT AVANT SEMIS
Aucun.

COMMENT SEMER
En pots, terrines ou caissettes alvéolées emplis de terreau de semis ordinaire surfacé avec de la perlite ou de la vermiculite.

GERMINATION
6 à 10 jours.

DÉLAI DE RÉCOLTE
5 à 6 mois.

TAILLE ADULTE
1,20 m x 45 cm, plus ou moins selon la variété.

Les poivrons sont en réalité des fruits ; ils ont donc besoin de la chaleur du soleil d'été pour arriver à pleine maturité. Plus ils sont mûrs, plus douce est leur saveur. Verts au départ, les poivrons virent au rouge, au jaune ou au pourpre foncé en mûrissant. Appelées aussi piments doux, ces plantes gélives ont une croissance lente ; il est donc préférable de démarrer la culture le plus tôt possible.

Les conditions de culture

Ces plantes tropicales et subtropicales ne peuvent être cultivées en extérieur que dans les régions chaudes et elles apprécient un sol fertile et bien drainé. Dans les régions fraîches, semez-les en contenants et poursuivez la culture sous serre, sous tunnel en plastique ou près d'un mur chaud en extérieur.

L'entretien des plantules

Après la levée, maintenez les plantules à une température minimale de 15 °C. Repiquez-les en pots individuels emplis de terreau de rempotage. Attendez que tout risque de gel soit écarté pour les planter en pleine terre. Arrosez régulièrement les poivrons en contenants et apportez-leur de l'engrais pour tomates. Tuteurez les plantes si besoin.

1 Les graines de poivron sont relativement grosses et on les sème individuellement. Emplissez les pots, terrines ou caissettes alvéolées de terreau de semis ordinaire.

2 Pressez légèrement les graines sur la surface du terreau, puis couvrez-les d'une fine couche de perlite ou de vermiculite. Les graines germeront entre 20 et 25 °C.

Potiron et courge

Cucurbita ssp. Cucurbitacées

QUAND SEMER
Entre le milieu et la fin du printemps.

TRAITEMENT AVANT SEMIS
24 heures de trempage peuvent accélérer la germination.

COMMENT SEMER
En pots ou caissettes alvéolées emplis de terreau de semis ordinaire surfacé avec de la perlite ou de la vermiculite.

GERMINATION
5 à 10 jours.

DÉLAI DE RÉCOLTE
12 à 20 semaines.

TAILLE ADULTE
2 m x 2 m, plus ou moins selon la variété ; les variétés buissonnantes sont plus compactes.

Ces plantes gélives vigoureuses produisent de gros fruits, excellents dans les soupes d'hiver. Vous les laisserez ramper ou les palisserez sur des trépieds. Après la récolte, vous pouvez conserver un potiron six à huit semaines.

Les conditions de culture

Les potirons et les courges demandent un sol fertile humide mais bien drainé, en plein soleil.

L'entretien des plantules

Maintenez les semis entre 20 et 25 °C jusqu'à la levée. Poursuivez la culture des plantules en contenants emplis de terreau de rempotage en les arrosant fréquemment. Plantez-les à leur emplacement définitif quand le gel n'est plus à craindre. Les potirons et les courges peuvent être semés en place, à condition que les gelées soient passées. Arrosez bien les plantes pendant la formation des fruits si vous souhaitez une belle récolte.

1 Les graines sont grosses et faciles à manipuler. Semez-les directement ou faites-les tremper 24 heures au maximum pour accélérer la germination.

2 Semez en place ou démarrez en pots ou en caissettes alvéolées emplis de terreau de semis ordinaire. Vous pouvez semer les graines individuellement. Couvrez d'une couche de perlite ou de vermiculite.

Laitue à couper

Lactuca sativa Composées

QUAND SEMER

Semis successifs du début du printemps au milieu de l'été ; semis tardifs sous abri pour une récolte hivernale.

TRAITEMENT AVANT SEMIS

Aucun.

COMMENT SEMER

En pots, terrines ou caissettes alvéolées emplis de terreau de semis ordinaire surfacé avec de la perlite ou de la vermiculite, ou en extérieur, en carré de semis ratissé avec soin.

GERMINATION

10 à 14 jours.

DÉLAI DE RÉCOLTE

8 semaines ou moins selon la variété.

TAILLE ADULTE

15 à 25 cm x 15 à 25 cm, plus ou moins selon la variété.

La laitue à couper est idéale si vous disposez d'un espace restreint, car il suffit de quelques plantes pour obtenir une récolte quotidienne de feuilles fraîches pendant plusieurs semaines. La coupe régulière incite la plante à produire de nouvelles feuilles.

Les conditions de culture

Les laitues ont besoin d'un sol fertile, d'une humidité stable, en situation dégagée ou légèrement ombragée. Elles prospèrent également en contenants. Les fortes chaleurs ne leur réussissent guère car elles stimulent la montée en graines. Il existe néanmoins des variétés qui ne montent pas en graines.

L'entretien des plantules

Les graines germent à basse température et ne nécessitent donc aucune protection particulière. Repiquez les plantules dans des pots emplis de terreau de rempotage. Arrosez-les si le terreau montre des signes de dessèchement. Éclaircissez les semis en extérieur (lavez les plantules déterrées et ajoutez-les entières dans la salade). Espacez les plantes de 15 à 30 cm selon la variété.

1 Les graines sont assez grosses pour être semées individuellement. Semez en pots, terrines ou caissettes alvéolées emplis de terreau de semis ordinaire.

2 Couvrez les graines d'une couche de perlite ou de vermiculite. Placez les contenants en extérieur. Vous pouvez également semer en place en extérieur.

Persil

Petroselinum crispum Apiacées/Ombellifères

QUAND SEMER
Semis successifs du début du printemps à la fin de l'été ; les semis plus tardifs devront être protégés.

TRAITEMENT AVANT SEMIS
Une nuit de trempage dans l'eau chaude.

COMMENT SEMER
En pots, terrines ou caissettes alvéolées emplis de terreau de semis ordinaire surfacé avec de la perlite ou de la vermiculite ; sinon, en sillons en extérieur.

GERMINATION
3 à 6 semaines, parfois moins après trempage des graines.

DÉLAI DE RÉCOLTE
À partir de 8 à 12 semaines.

TAILLE ADULTE
30 cm x 30 cm.

Le persil, riche en vitamine C, est une culture très gratifiante. Il forme une charmante plante de bordure dans le potager ou parmi les fleurs, et vous le cueillerez tout au long de l'été. Avec un peu de chance, il survivra aux rigueurs de l'hiver. Privilégiez les variétés de persil plat, plus parfumées que les variétés frisées.

Les conditions de culture

Le persil apprécie un sol fertile et bien drainé, en situation ensoleillée ou légèrement ombragée. Il donne également d'excellents résultats en pot ou en suspension.

L'entretien des plantules

Les semis en contenants germeront entre 18 et 20 °C. Repiquez les plantules dans des pots emplis de terreau de rempotage. Arrosez-les si le terreau montre des signes de dessèchement. Dans le cas de semis en extérieur, éclaircissez les plantules à 23 cm d'intervalle environ. Cueillez régulièrement des brins pour inciter la plante à former de nouvelles feuilles et éviter la floraison et la montée en graines. Appliquez un engrais à base d'algues pour les plantes cultivées en pot ou en suspension.

1 Les graines sont faciles à manipuler et à planter individuellement. Emplissez des pots, des terrines ou des caissettes alvéolées de terreau de semis ordinaire.

2 Semez les graines en surface, puis couvrez-les d'une fine couche de perlite ou de vermiculite. Autrement, semez en sillons en extérieur à partir de la fin du printemps.

Haricot vert, haricot nain

Phaseolus vulgaris Légumineuses

QUAND SEMER
Au printemps ; les variétés naines peuvent également être semées au milieu de l'été pour une récolte d'automne.

TRAITEMENT AVANT SEMIS
Aucun.

COMMENT SEMER
En pots ou caissettes alvéolées emplis de terreau de semis ordinaire surfacé avec de la perlite ou de la vermiculite.

GERMINATION
5 à 10 jours avec une protection ; 2 à 3 semaines en extérieur.

DÉLAI DE RÉCOLTE
8 à 10 semaines.

TAILLE ADULTE
2 m x 45 cm pour les formes grimpantes ; 30 à 45 cm x 30 cm pour les variétés naines.

Voici un cas typique de plante sur laquelle il est bon de laisser quelques gousses qui mûriront et fourniront des graines pour l'année suivante. Mais cette pratique ne doit pas être systématique, les fleurs épanouies transmettant parfois des maladies aux graines. Il est préférable d'acheter tous les deux ou trois ans des graines fraîches, exemptes de toute maladie. Vous obtiendrez une récolte continue en procédant à deux semis.

Les conditions de culture

Les haricots sont semi-rustiques et demandent une situation chaude, ensoleillée et abritée, ainsi qu'un sol fertile et bien drainé. Le rendement est moindre dans un sol lourd. Les variétés naines peuvent être cultivées en contenants.

L'entretien des plantules

Faites germer les graines à 10 °C ou plus. Repiquez les plantules en pots emplis de terreau de rempotage. Arrosez-les si le terreau montre des signes de dessèchement. Plantez-les en pleine terre quand tout risque de gel est écarté, espacées de 15 à 38 cm selon la variété. Vous pouvez aussi semer en place directement. Protégez les semis précoces avec une cloche ou un voile de forçage.

1 Ouvrez les gousses pour exposer les graines et détachez celles-ci. Autrement, achetez des graines fraîches dans le commerce.

2 Semez les graines une par une en godets ou en caissettes alvéolées. Couvrez les graines d'une couche de terreau de semis d'une épaisseur équivalente à la leur, puis surfacez avec de la perlite ou de la vermiculite. Sinon, semez en place en extérieur.

Radis

Raphanus sativus Crucifères

QUAND SEMER
Semis successifs du début du printemps à la fin de l'été.

TRAITEMENT AVANT SEMIS
Aucun.

COMMENT SEMER
En godets, terrines ou caissettes alvéolées emplis de terreau de semis ordinaire surfacé avec de la perlite ou de la vermiculite ; ou alors en sillons en extérieur.

GERMINATION
5 à 10 jours.

DÉLAI DE RÉCOLTE
3 à 5 semaines.

TAILLE ADULTE
10 à 15 cm x 10 cm.

Les radis peuvent être semés sur une longue période, en vagues successives. Vous les récolterez tout jeunes ou les laisserez atteindre la taille d'une bille ou un peu plus. Si vous les laissez en terre trop longtemps, ils deviendront fibreux et perdront leur saveur. Consommez-les dès que vous les aurez récoltés. Rincez-les mais pas trop pour qu'ils gardent une fraîche odeur de terre. C'est l'un des légumes les plus faciles à cultiver.

Les conditions de culture

Les radis donnent les meilleurs résultats en situation dégagée et ensoleillée, dans un sol fertile, humide mais bien drainé.

L'entretien des plantules

Repiquez les plantules et continuez la culture dans du terreau de rempotage. Arrosez-les si le terreau montre des signes de dessèchement. Plantez-les en pleine terre quand elles sont assez développées, espacées de 10 à 15 cm selon la variété. En extérieur, éclaircissez les plantules à l'espacement approprié (10 à 15 cm).

1 Les graines de radis sont sphériques et faciles à manipuler. Vous les sèmerez soit en place en extérieur, soit en godets, terrines ou caissettes alvéolées emplis de terreau de semis ordinaire.

2 Si vous semez en contenants, pressez légèrement les graines sur la surface du terreau. Surfacez avec de la perlite ou de la vermiculite. Placez les contenants en extérieur.

Aubergine

Solanum melongena Solanacées

QUAND SEMER
De la fin de l'hiver au début du printemps.

TRAITEMENT AVANT SEMIS
Trempage pendant 12 heures.

COMMENT SEMER
En godets ou caissettes alvéolées emplis de terreau de semis ordinaire surfacé avec de la perlite ou de la vermiculite.

GERMINATION
7 à 14 jours.

DÉLAI DE RÉCOLTE
6 à 8 mois.

TAILLE ADULTE
1,10 à 2 m x 45 cm.

Les aubergines sont des plantes frileuses qui exigent des températures élevées pour donner de beaux fruits. Comme la croissance est lente, démarrez les semis très tôt pour un bon rendement. Elles prospèrent dans des grands bacs ou en sacs de culture placés en extérieur, en situation ensoleillée et abritée ou sous serre non chauffée. Outre les variétés pourpres typiques, il existe des formes à fruits blancs.

Les conditions de culture

Les aubergines demandent un sol fertile et bien drainé ainsi qu'une situation chaude et abritée.

L'entretien des plantules

Repiquez les plantules individuellement dans des pots de 7,5 cm de diamètre garnis de terreau de rempotage. Quand les racines emplissent le pot, transplantez dans un pot plus grand empli du même terreau ou en sac de culture. Arrosez régulièrement et appliquez de l'engrais à tomates ou tout produit formulé spécifiquement pour les légumes-fruits. Tuteurez les plantes si nécessaire.

1 Les graines des aubergines sont plutôt petites, mais assez faciles à manipuler. Emplissez des godets ou des caissettes alvéolées de terreau de semis ordinaire.

2 Semez régulièrement à la surface du terreau, puis couvrez les graines d'une fine couche de perlite ou de vermiculite. Faites germer entre 15 et 20 °C.

Épinard

Spinacia oleracea Chénopodiacées

QUAND SEMER
Du printemps au début de l'été ; de la fin de l'été au début de l'automne sous abri vitré pour une récolte hivernale.

TRAITEMENT AVANT SEMIS
Aucun.

COMMENT SEMER
En godets, terrines ou caissettes alvéolées emplis de terreau de semis ordinaire surfacé avec de la perlite ou de la vermiculite ; sinon, en sillons en extérieur.

GERMINATION
2 à 3 semaines.

DÉLAI DE RÉCOLTE
6 semaines pour les semis de printemps ; jusqu'à 10 semaines pour les semis tardifs.

TAILLE ADULTE
25 cm x 25 cm.

Les épinards sont une précieuse source de fer et de vitamine C et les récoltes maison sont infiniment plus savoureuses que tout ce que vous pourrez acheter. Cette plante doit être consommée le plus rapidement possible après la cueillette. Quelques pieds vous fourniront des feuilles à couper tous les jours tout au long de l'été.

Les conditions de culture

Les épinards demandent un sol fertile et bien drainé, au soleil ou en situation légèrement ombragée.

L'entretien des plantules

Les graines peuvent germer en extérieur. Repiquez les plantules qui ont levé en contenants dans du terreau de rempotage. Arrosez-les abondamment. Plantez-les en pleine terre quand elles sont assez développées, espacées de 15 cm. Éclaircissez les semis en extérieur au même intervalle. Il est préférable de protéger les cultures d'hiver d'une cloche ou d'un tunnel.

1 Les graines étant sphériques et plutôt grosses, elles peuvent donc être semées individuellement. Emplissez de terreau de semis ordinaire des godets, terrines ou caissettes alvéolées.

2 Pressez légèrement les graines sur la surface du terreau, puis couvrez-les d'une fine couche de perlite ou de vermiculite. Autrement, semez en sillons en extérieur.

Maïs

Graminées/Poacées

QUAND SEMER
En fin de printemps.

TRAITEMENT AVANT SEMIS
Aucun.

COMMENT SEMER
En godets, terrines ou caissettes alvéolées emplis de terreau de semis ordinaire surfacé avec de la perlite ou de la vermiculite. Vous pouvez aussi semer directement en terre quand le gel n'est plus à craindre.

GERMINATION
7 à 10 jours, parfois plus pour les semis en extérieur.

DÉLAI DE RÉCOLTE
4 à 5 mois.

TAILLE ADULTE
1,10 à 2 m x 45 cm.

Les épis jaune d'or du maïs sont reconnaissables entre tous, mais il existe des variétés à épis blancs ou bicolores. La croissance et la maturation sont longues. Les fleurs femelles sont pollinisées par le vent ; il est donc préférable de planter quatre à cinq sujets en carré plutôt qu'en ligne.

Les conditions de culture

Le maïs est une plante très frileuse qui a besoin d'un sol fertile et bien drainé en situation abritée et en plein soleil.

L'entretien des plantules

Faites germer les graines entre 20 et 30 °C. Poursuivez la culture des plantules en contenants emplis de terreau de rempotage. Plantez-les en pleine terre quand elles sont assez développées, espacées de 30 à 45 cm selon la variété. Respectez le même espacement pour les semis en place.

1 Les grains de maïs sont caractéristiques et immédiatement reconnaissables. Vous pouvez les semer en place ou les démarrer en contenants emplis de terreau de semis ordinaire.

2 Pressez légèrement les grains sur la surface du terreau. Couvrez-les d'une couche de terreau d'une épaisseur égale à la hauteur du grain, puis surfacez avec de la perlite ou de la vermiculite.

Le jardin d'intérieur

Moutarde et autres graines à germer
CACTÉES
AGRUMES
Manguier
Basilic
Pelargonium
Avocatier
Palmier dattier
Solenostemon scutellarioides

Moutarde et autres graines à germer

Brassica hirta et autres espèces Crucifères

QUAND SEMER
En toutes saisons.

TRAITEMENT AVANT SEMIS
Aucun.

COMMENT SEMER
Sur du papier ou de la ouate humide.

GERMINATION
2 à 4 jours.

DÉLAI DE RÉCOLTE
4 à 8 jours

TAILLE ADULTE
Les germes atteignent 2,5 cm de long selon l'espèce.

Même si vous estimez ne pas pouvoir réussir des semis, tentez l'aventure avec la moutarde, le cresson ou autres graines à germer ; il est impossible d'essuyer un échec. On trouve des germoirs dans le commerce, mais il n'est pas nécessaire d'investir dans ce matériel. Bon nombre de graines, dont les haricots adzuki (soja rouge), très nutritifs, peuvent être cultivées selon la méthode indiquée ci-dessous.

Pourquoi semer ?

La germination n'est qu'une question de jours, on peut donc obtenir des récoltes ininterrompues tout au long de l'année.

L'entretien des plantules

Placez les graines dans un endroit chaud, à 20 °C environ (un rebord de fenêtre de cuisine par exemple). Arrosez régulièrement le support de culture pour conserver une humidité constante ; il ne doit jamais être sec. Certaines graines peuvent germer dans un endroit chaud (par exemple dans un séchoir).

1 Les graines sont assez grosses pour être manipulées facilement. Ne semez que la quantité correspondant à vos besoins immédiats ; conservez le reste dans son emballage.

2 Posez des feuilles de buvard ou de papier absorbant, ou encore de la ouate, dans une terrine à semis ou sur une assiette. Humidifiez ce support puis déposez les graines dessus. Pressez-les légèrement pour être sûr qu'elles sont en contact avec le support de culture.

CACTÉES

Espèces diverses Cactacées

QUAND SEMER
De la fin de l'hiver à la fin du printemps.

TRAITEMENT AVANT SEMIS
Aucun, mais les grosses graines peuvent être stratifiées au réfrigérateur deux jours avant les semis.

COMMENT SEMER
En petits pots emplis de terreau pour cactées ou de terreau de semis ordinaire additionné de gravillon ou de sable grossier.

GERMINATION
2 semaines ou davantage selon l'espèce.

DÉLAI DE FLORAISON
3 à 5 ans ou davantage.

TAILLE ADULTE
5 cm x 5 cm, ou plus ; les types colonnaires peuvent atteindre 1,20 m de haut, voire davantage.

Les cactées forment une grande famille de plantes essentiellement issues du Nouveau Monde. La plupart sont épineuses et leurs dimensions s'étagent du petit sujet de la taille d'une balle de golf aux grandes plantes ramifiées qui forment quasiment des arbres. Pour obtenir un bel effet, groupez plusieurs espèces pour créer un jardin de cactées miniature. Les graines sont généralement vendues en mélange.

Pourquoi semer ?

On découvre en permanence de nouvelles espèces et les semis sont la meilleure méthode pour augmenter rapidement leur nombre en culture et pour les partager.

L'entretien des plantules

Après la levée, sortez les pots de la serre de multiplication ou retirez le sac en plastique et poursuivez la culture des plantules en conditions normales de serre, c'est-à-dire à une température minimale de 10 °C. Ne les dérangez pas pendant trois mois environ de façon à ce que les racines se développent. La partie visible de la plante ne poussera guère pendant ce temps. Repiquez les plantules individuellement quand elles sont assez grandes pour être manipulées. Arrosez régulièrement, mais laissez le terreau se dessécher presque complètement entre deux arrosages. Apportez un engrais pour cactées pendant la croissance, entre le printemps et l'été.

1 Pour faciliter les semis, mélangez les graines, qui sont parfois très petites, avec du sable grossier sur une feuille de papier.

2 Semez les graines en surface sur du terreau pour cactées ou du terreau de semis ordinaire et couvrez-les d'une couche de sable grossier. Mettez-les dans une serre de multiplication ou recouvrez le pot de plastique transparent. Maintenez les semis entre 19 et 27 °C.

AGRUMES

Citrus ssp. Rutacées

QUAND SEMER
En été.

TRAITEMENT AVANT SEMIS
Aucun.

COMMENT SEMER
En pots emplis de terreau de semis ordinaire.

GERMINATION
3 à 4 semaines.

DÉLAI DE FLORAISON
5 ans ou plus.

TAILLE ADULTE
2 m x 2 m ou plus ; une taille régulière permet de limiter l'envergure.

Les *Citrus* sont des plantes d'intérieur ou de jardin d'hiver très séduisantes. Leurs feuilles persistantes lustrées abritent des fleurs délicieusement parfumées et des fruits comestibles. Dans le commerce, les agrumes sont généralement multipliés par semis, même pour la production de fruits ; vous pouvez donc compter sur la floraison et la fructification de vos semis. Cependant, s'ils ne bénéficient pas d'un été long et chaud, les fruits ont peu de chances d'arriver à pleine maturité et seront trop acides pour être consommés crus. Ils feront en revanche des marmelades très agréables.

Pourquoi semer ?

Le semis est une méthode parfaitement fiable de multiplication des agrumes.

L'entretien des plantules

Maintenez les semis à 18 °C environ jusqu'à la levée. Repiquez les plantules individuellement dans du terreau de rempotage additionné de sable grossier ou de gravillon horticole. Gardez les plantules en situation éclairée mais protégées du soleil direct, arrosez-les régulièrement et apportez un engrais liquide pendant la pleine croissance. Arrosez avec parcimonie en hiver.

1 Coupez les fruits en deux pour exposer les graines. Extrayez délicatement celles-ci de la pointe d'un couteau et jetez celles que vous aurez éventuellement abîmées au cours de l'opération.

2 Rincez les graines à l'eau et séchez-les sur du papier absorbant. Vous pouvez semer toutes les graines, y compris celles qui sont ridées. Semez en pots emplis de terreau de semis ordinaire.

Manguier

Mangifera indica Anacardiacées

QUAND SEMER
Quand la graine est mûre, c'est-à-dire quand le fruit est tendre et comestible.

TRAITEMENT AVANT SEMIS
Frottez la graine avec du papier de verre pour entamer la surface, puis faites tremper dans l'eau tiède jusqu'à 2 semaines. Changez l'eau régulièrement.

COMMENT SEMER
En pots emplis de terreau de semis ordinaire.

GERMINATION
3 à 6 semaines.

DÉLAI DE FLORAISON
3 à 5 ans.

TAILLE ADULTE
15 à 18 m x 12 m ; les plantes en contenants sont beaucoup plus petites.

Dans la nature, les manguiers sont des arbres impressionnants dont les branches ploient sous le poids des fruits en cours de maturation. S'il est peu probable qu'un sujet de culture fleurisse et fructifie, il reste intéressant de planter une graine, ne serait-ce que pour observer le processus de germination.

Pourquoi semer ?

Les manguiers arborent des feuilles lustrées qui en font de superbes plantes d'intérieur. Ils sont rarement proposés dans le commerce, d'où l'intérêt du semis.

L'entretien des plantules

Semez les graines individuellement dans des pots emplis de terreau de semis ordinaire. Couvrez chaque graine d'une couche de terreau épaisse de 2,5 cm environ. Gardez les semis sous serre de multiplication entre 20 et 25 °C jusqu'à la germination. Arrosez si le terreau donne des signes de dessèchement (les graines ne doivent surtout pas sécher). Après la levée, poursuivez la culture à une température légèrement plus fraîche, sur un rebord de fenêtre ensoleillé par exemple. Rempotez les plantules dans du terreau de rempotage quand les racines emplissent le pot. Arrosez abondamment pendant la pleine croissance et appliquez un engrais complet liquide.

1 Tranchez la mangue de chaque côté du noyau et débarrassez celui-ci de la pulpe. Grattez les résidus à l'aide d'un couteau.

2 Rincez le noyau à l'eau pour éliminer le plus possible de pulpe restante. Séchez-le et frottez-le avec du papier de verre. La graine de mangue doit être plantée fraîche, immédiatement après le trempage (voir ci-dessus « Traitement avant semis »), car elle ne se conserve pas.

Basilic

Ocimum basilicum Labiacées/Lamiacées

QUAND SEMER
Du début du printemps à l'été.

TRAITEMENT AVANT SEMIS
Aucun.

COMMENT SEMER
En godets, terrines ou caissettes alvéolées emplis de terreau de semis ordinaire surfacé avec du sable grossier, de la perlite ou de la vermiculite.

GERMINATION
1 à 2 semaines.

DÉLAI DE FLORAISON
8 à 10 semaines, mais il est préférable d'empêcher la floraison en cueillant régulièrement des brins.

TAILLE ADULTE
30 cm x 20 cm, plus ou moins selon la variété.

Cette herbe aromatique très parfumée, typique de la cuisine méditerranéenne, est facile à cultiver en intérieur, sur un rebord de fenêtre, à condition de la protéger d'un soleil direct trop ardent en été. Il existe une large gamme de cultivars, certains arborant des feuilles pourpres, d'autres de toutes petites feuilles au parfum intense. Expérimentez diverses variétés jusqu'à ce que vous trouviez votre préférée.

Pourquoi semer ?

Les plantes cultivées sont très répandues dans le commerce, mais leur parfum ne sera jamais comparable à celui du basilic issu de vos propres semis.

L'entretien des plantules

Poursuivez la culture des plantules en conditions un peu plus fraîches. Repiquez-les en pots emplis de terreau de rempotage quand elles sont assez développées pour être manipulées. Arrosez régulièrement, mais seulement le matin. (L'arrosage du soir et la chute de température la nuit risquent de provoquer la pourriture de la plante.) Apportez un engrais organique à base d'algues.

1 Les graines sont assez grosses pour être manipulées une par une. Emplissez des godets, terrines ou caissettes alvéolées de terreau de semis ordinaire.

2 Semez clair à la surface du terreau. Couvrez les graines d'une fine couche de sable grossier, perlite ou vermiculite. Faites germer à 20 °C environ.

Pelargonium

Pélargonium Géraniacées

QUAND SEMER
En fin d'hiver.

TRAITEMENT AVANT SEMIS
Aucun.

COMMENT SEMER
En godets, terrines ou caissettes alvéolées emplis de terreau de semis ordinaire. Couvrez les graines d'une couche de terreau d'une épaisseur égale à la leur, puis surfacez avec du sable grossier, de la perlite ou de la vermiculite.

GERMINATION
3 à 21 jours.

DÉLAI DE FLORAISON
3 à 4 mois.

TAILLE ADULTE
15 à 30 cm x 15 à 30 cm, selon la variété.

Les fleurs rouges, roses ou blanches qui s'épanouissent en vagues successives et prolongées font le succès de ces vivaces gélives. Abritez-les dans un jardin d'hiver à la saison froide ; vous les convaincrez peut-être de continuer à fleurir pendant cette période.

Pourquoi semer ?

S'il est facile de renouveler ses réserves à partir de boutures, les plantes finissent par dégénérer et le matériel de bouturage se fait alors rare. Pour l'harmonie globale de votre collection, il est bon de produire de nouvelles plantes à partir de semis. Il existe une multitude d'excellents cultivars F1 et F2.

L'entretien des plantules

Maintenez les semis entre 21 et 24 °C jusqu'à la germination. Poursuivez la culture des plantules à une température légèrement plus basse, mais veillez à ce qu'elle reste stable, car une chute soudaine risque de tuer les jeunes plants. Repiquez en pots emplis de terreau de rempotage additionné de gravillon, de sable grossier, de perlite ou de vermiculite. Arrosez et apportez régulièrement un engrais liquide.

1 Les graines sont assez grosses pour être manipulées une par une. Comme les paquets de graines n'en contiennent généralement qu'une poignée, veillez à n'en perdre aucune.

2 Emplissez des godets, terrines ou caissettes alvéolées de terreau de semis ordinaire. Semez uniformément à la surface du terreau. Couvrez les graines d'une couche de terreau d'une épaisseur égale à la leur ou de sable grossier, perlite ou vermiculite.

Avocatier

Persea americana Lauracées

QUAND SEMER
Quand la graine est mûre, c'est-à-dire quand le fruit est tendre et comestible.

TRAITEMENT AVANT SEMIS
Trempage dans l'eau très chaude 30 minutes environ (facultatif).

COMMENT SEMER
Soit en pots emplis de terreau, le nez de la graine dépassant de 1 cm au-dessus de la surface du terreau, soit germination dans l'eau selon les indications ci-après.

GERMINATION
4 semaines ou plus.

DÉLAI DE FLORAISON
7 ans, mais les plantes en culture sont parfois réticentes à fleurir.

TAILLE ADULTE
2 m x 30 cm ; les plantes cultivées à des fins commerciales dans les régions subtropicales pour la production de fruits sont généralement beaucoup plus grandes.

Il est toujours amusant de faire pousser un avocatier chez soi. On a du mal à croire que ces gros noyaux plutôt durs produiront une plante. Un avocatier fructifie rarement en appartement et il est enclin à développer une longue tige droite terminée par une paire de feuilles. Si cela se produit, débarrassez-vous de ce sujet disgracieux (ou pincez la tige pour que la plante se ramifie) et recommencez. Des noyaux d'avocat jetés dans le compost de jardin peuvent y germer.

Pourquoi semer ?

Vous avez peu de chance de trouver des avocatiers dans le commerce car ce ne sont pas des sujets très décoratifs. Leur charme réside surtout dans la facilité avec laquelle on conduit un noyau à produire une plante.

L'entretien des plantules

Maintenez la graine à température ambiante (20 à 25 °C). Un rebord de fenêtre ensoleillé est l'endroit idéal. Si le noyau germe dans l'eau, remplacez régulièrement cette dernière pour éviter qu'elle ne verdisse. Après la germination, repiquez en pot empli de terreau de rempotage et appliquez un engrais à libération lente. Arrosez copieusement et vaporisez tous les jours pendant la pleine croissance, au printemps et en été.

1 Coupez le fruit en deux en veillant à ne pas endommager le noyau. Extrayez celui-ci de la pulpe à l'aide d'une cuiller.

2 Nettoyez le noyau pour éliminer toute trace de pulpe. Vous pouvez retirer le tégument, mais ce n'est pas indispensable. Suspendez le noyau au-dessus de l'eau de façon à ce que la base soit tout juste en contact avec la surface de l'eau (voir photo page ci-contre).

Palmier dattier

Phoenic dactylifera Arécacées/Palmiers

QUAND SEMER
Quand le fruit est mûr.

TRAITEMENT AVANT SEMIS
Aucun ; il est préférable de semer des graines fraîches.

COMMENT SEMER
En pots profonds emplis de terreau de semis ordinaire additionné de gravillon, de perlite ou de vermiculite.

GERMINATION
4 à 8 semaines, parfois plus.

DÉLAI DE FLORAISON
5 ans ou plus ; les plantes en culture sont parfois réticentes à fleurir.

TAILLE ADULTE
3 m x 1,50 m en contenant ; les plantes cultivées en extérieur sont généralement beaucoup plus grandes.

Les rues des villes de Méditerranée et autres régions douces sont communément plantées de palmiers dattiers. Sous climat chaud, ce sont de grandes plantes imposantes. On peut aussi les cultiver en appartement ou dans un jardin d'hiver. Les sujets seront moins développés à court ou moyen terme mais leurs feuilles raides offrent une superbe décoration.

Pourquoi semer ?

Les dattes fraîches sont un délice d'hiver. Pourquoi ne pas semer quelques noyaux plutôt que les jeter ? Ils germent volontiers en conditions chaudes et cette méthode de multiplication est plus efficace que le bouturage.

L'entretien des plantules

Maintenez les semis dans une atmosphère humide, idéalement sous mini-serre de multiplication, entre 25 et 28 °C. La mini-serre doit être en situation éclairée. Surveillez soigneusement les graines. Arrosez autant que nécessaire pour éviter tout dessèchement du terreau et ventilez la mini-serre si la température monte trop. Après la levée, repiquez les plantules dans des pots emplis de terreau de rempotage additionné de gravillon, perlite ou vermiculite. Apportez un engrais à libération lente et acclimatez progressivement les jeunes plantes à l'extérieur de la mini-serre. Poursuivez la culture en situation éclairée et à l'abri du soleil direct.

1 Coupez les dattes en deux ou pressez une extrémité pour extraire la graine. Chaque fruit contient une graine. Grattez la pulpe accrochée à la graine.

2 Rincez les noyaux car ils sont généralement poisseux. Semez-les individuellement en pots profonds. Si vous devez conserver les graines, enveloppez-les de ouate ou de papier absorbant mouillé et enfermez-les dans un sac en plastique. Elle se gardent huit semaines.

Solenostemon scutellarioides

syn. *Coleus blumei* var. *verschaffeltii* Coléus Labiacées/Lamiacées

QUAND SEMER
En toutes saisons, mais les semis d'hiver sont souvent plus lents à germer.

TRAITEMENT AVANT SEMIS
Aucun.

COMMENT SEMER
En pots, terrines ou caissettes alvéolées emplis de terreau de semis ordinaire.

GERMINATION
10 à 20 jours.

DÉLAI DE FLORAISON
10 à 12 semaines, mais il est préférable de supprimer les fleurs.

TAILLE ADULTE
45 cm x 45 cm ; certaines variétés sont plus compactes.

Le feuillage de ces plantes est très décoratif sur un rebord de fenêtre ombragé. Les feuilles sont fortement marquées de bronze, jaune et brun noirâtre. On les emploie souvent en plantes de parterre d'été, mais ce sont en réalité des vivaces buissonnantes qui conservent leurs feuilles en hiver.

Pourquoi semer ?

Le bouturage permet de multiplier les coléus, mais la qualité des plantes décline au fil du temps et il est préférable de cultiver de nouveaux sujets à partir de semis. La majorité des plantules diffèrent considérablement au niveau des teintes foliaires, mais toutes sont séduisantes.

L'entretien des plantules

Faites germer les graines entre 21 et 24 °C. Quand les plantules sont assez développées, repiquez-les en pots individuels emplis de terreau de rempotage. Arrosez abondamment pendant la pleine croissance et apportez un engrais liquide. Protégez les plantes du soleil direct en toutes saisons.

1 Les graines sont très petites. Si vous ne réussissez pas à les semer une par une, procédez par petites pincées.

2 Semez les graines à la surface du terreau de semis, en godets, terrines ou caissettes alvéolées. Enveloppez les contenants d'un sac en plastique transparent. Sinon, semez en terrine dotée d'un couvercle en plastique.

Portraits

30-31

32-33

36-37

38-39

42-43

44-45

48-49

50-51

54-55

56-57

60-61

62-63

66-67

68-69

72-73

74-75

76-77

78-79

80-81

82-83

84-85

86-87

88-89

90-91

92-93

94-95

96-97

98-99

100-101

102-103

104-105
106-107
112-113
114-115
118-119
120-121
124-125
126-127
130-131
138-139
140-141

144-145

146-147

148-149

150-151

152-153

154-155

156-157

158-159

160-161

164-165

166-167

168-169

170-171

172-173

174-175

176-177

178-179

180-181

Glossaire

Anthère Partie de la fleur qui porte le pollen.

Baie Fruit pulpeux ou charnu.

Bractée Feuille modifiée, à la base de la fleur ou de l'inflorescence.

Cloche Petite structure mobile en verre ou en plastique transparent, destinée à protéger les plantes jeunes ou délicates se développant en pleine terre.

Compost de jardin Matière organique riche en humus, obtenue par décomposition de débris végétaux et organiques, utilisée en amendement ou en paillis.

Cône Structure de bractées ligneuses renfermant les graines des conifères.

Cotylédon La ou les premières feuilles embryonnaires se développant lors de la germination.

Dormance État temporaire de croissance suspendue.

Drupe Fruit charnu contenant une ou plusieurs graines (noyaux).

Éclaircissage Suppression de jeunes plants trop rapprochés pour favoriser la croissance des plants restants.

Endurcissement Acclimatation progressive d'une plante élevée sous abri aux conditions extérieures ; elle consiste généralement à retirer le couvercle de la serre de multiplication et/ou à placer les plantes en extérieur pour des périodes de plus en plus longues.

Engrais Éléments nutritifs destinés à stimuler la croissance des plantes. Les engrais complets contiennent généralement à parts égales les trois éléments minéraux essentiels à la vigueur de la plante : azote (N), potassium (K) et phosphore (P). Un engrais riche en azote favorise la croissance foliaire, un engrais riche en potassium améliore la floraison et la fructification.

Espèce Catégorie de la classification des végétaux regroupant des plantes se reproduisant à l'identique dans la nature.

Fécondation Chez les plantes, fusion entre un grain de pollen (cellule mâle) et un ovule (cellule femelle) pour donner une graine viable.

Forme sélectionnée Forme d'une espèce qui est apparue dans les jardins.

Fruit Ovaire fécondé parvenu à maturité et contenant une ou plusieurs graines. Les capsules, gousses, akènes sont des fruits.

Fruit à pépins Fruit de texture ferme contenant plusieurs graines. Les pommes, les coings et les nèfles sont des fruits à pépins.

Fumier animal Équin, ovin ou bovin, il est appliqué en amendement du sol. Le fumier issu des déjections de volailles est riche en azote (voir « Engrais ») et doit être utilisé avec précaution car il risque de brûler les tissus des jeunes plantes.

Germination Processus physiques et chimiques se déroulant au sein de la graine lorsqu'elle se développe en jeune plante.

Godet Petit contenant utilisé pour les semis, il est particulièrement indiqué dans le cas des graines que l'on peut semer individuellement car il évite de repiquer les plantules et de déranger les racines lors de cette opération.

Gousse Capsule de graines caractéristique des légumineuses.

Graine Ovule fécondé contenant un embryon dormant apte à donner une nouvelle plante.

Gravillon horticole Petits fragments de roche incorporés au terreau de rempotage pour améliorer le drainage ou utilisés en couche de surface.

Hybride Plante issue du croisement de deux parents génétiquement différents. Les plantes hybrides ou d'origine hybride ne peuvent pas être multipliées par semis.

Hybride F1 Ou hybride de première génération ; ils sont obtenus par croisement entre deux lignées pures de la même espèce.

Hybride F2 Ou hybride de deuxième génération ; plante provenant d'une fécondation d'hybride F1.

Légumineuse Plante de la famille des légumineuses, caractérisée par la fructification en gousses.

Perlite Particules de roche volcanique expansée ajoutées au substrat de culture en remplacement du gravillon.

Plantule Jeune plante issue de la germination d'une graine.

Pollinisation Transfert du pollen des anthères vers les stigmates, aboutissant à la fécondation.

Pot à muguet Ou pot anglais. Ce pot profond est conçu pour les plantes développant de longues racines et/ou dont les racines souffrent d'être dérangées.

Racine pivotante Racine principale vigoureuse s'enfonçant verticalement dans le sol.

Radicule Première racine d'un végétal.

Repiquage Transfert des jeunes plants dans des contenants plus grands ou dans un autre endroit où ils bénéficieront de plus d'espace pour leur croissance.

Sable grossier Particules de sable comportant des arêtes vives. On l'ajoute au terreau de rempotage pour améliorer le drainage.

Sac de culture Sac en plastique long et étroit rempli habituellement de mélange à base de tourbe et destiné à la culture des plantes annuelles telles que les tomates, les aubergines et les poivrons. On insère les jeunes plantes dans des trous pratiqués dans la paroi supérieure.

Scarification Procédé consistant à entamer l'enveloppe protectrice d'une graine pour permettre à l'embryon de mieux absorber l'eau.

Serre de multiplication Unité à couvercle rigide utilisé pour la germination des semis.

Sillon Rigole étroite et rectiligne dans laquelle on sème les graines ou l'on repique des plantes.

Spore Organe de la reproduction analogue à la graine chez les plantes inférieures dépourvues de fleurs, comme les fougères.

Stigmate Partie de la plante sur laquelle se déposent les grains de pollen.

Stratification Exposition des graines au froid ou, plus rarement, à la chaleur, pour lever la dormance.

Terreau Support de culture pour les plantes en contenant, à base de terre végétale, tourbe ou fibre de coco. Seuls les terreaux spécialisés conviennent aux semis.

Transplantation En général, déplacement d'une plante d'un site à un autre. On transplante les plantules quand elles sont assez grandes pour être manipulées et/ou assez développées pour prospérer à leur emplacement définitif.

Tunnel Structure destinée à protéger les jeunes plantes cultivées en extérieur, généralement composée d'une feuille de plastique tendue sur des arceaux en métal.

Vermiculite Sorte de mica léger ajouté au terreau de rempotage en remplacement du gravillon.

Viable Se dit d'une graine apte à germer.

Voile de forçage Bâche très légère utilisée pour couvrir les jeunes plantes cultivées en pleine terre et qui permet de les protéger du froid. C'est aussi une protection efficace contre certains ravageurs.

Les problèmes des semis

Escargots et limaces Ces mollusques attaquent les plantules de tous les végétaux. Vous pouvez les combattre avec des appâts empoisonnés mais, pour les plantules, les obstacles physiques sont généralement plus efficaces. Gardez les plantes sous abri, châssis froid ou serre. Inspectez régulièrement les plantes et ramassez les mollusques à la main. Dans le potager, ayez recours à des nématodes pathogènes que vous introduirez dans le sol par arrosage.

Otiorhynque Ce ravageur a un faible pour les plantes en pot. Les femelles adultes pondent leurs œufs dans le terreau autour des plantes et les larves creusent des galeries pour se nourrir des racines. Le moyen de lutte le plus efficace est l'emploi de nématodes pathogènes, *Heterorhabditis megidis* ou *Steinermera carpocapsae*. Lors des rempotages, vérifiez soigneusement l'absence de larves. En cas de présence d'œufs, rincez les racines à grande eau et rempotez dans du terreau frais.

Fonte des semis Elle est provoquée par des champignons qui prolifèrent en milieu humide, généralement sur les semis d'automne et de début de printemps. Nettoyez soigneusement les contenants avant de semer et utilisez du terreau frais. Contrôlez le taux d'hygrométrie autour des plantes. Retirez régulièrement les couvercles des serres de multiplication et essuyez-les avec un chiffon imbibé de fongicide. Vaporisez les plantules de fongicide.

Index

Les chiffres en italiques renvoient aux illustrations.

Remerciements

Ce livre n'aurait pu voir le jour sans l'aide de mes amis, voisins et collègues arndiniers qui m'ont autorisé à piller leur jardin pour récolter graines et jeunes plants afin de réaliser les photographies de ce livre. Sans hiérarchie particulière, je remercie donc : Rachel Cole, Ian et Wendy Hall, Ruth Paterson, Jack et Dorothy Hobbs, Bert et Peggy Norris, Margaret Montgomery, Matt et Sue Kinross, George Drye, régisseur de Lamport Hall, Chris et Catherine Baldwin, et enfin Jonathan et Martha Pinsent.
Nick Bolshaw, de Haxnicks, et Peter Powell, de Paranese, ont aimablement mis à ma disposition l'équipement nécessaire à la germination des graines que l'on peut découvrir ici. Je suis aussi reconnaissant à Valerie Berry, qui nous a autorisés, Deirdre Rooney et moi-même, à user de son appartement comme d'un studio photographique...
Enfin, merci à Catie Ziller chez Marabout et à Claire Musters et Helen McTeer, qui ont conduit avec succès ce livre jusqu'à sa conclusion.

Ce livre est dédié à Finetta.

Dépôt légal : 79737 - Février 2007
ISBN : 978-2-501-04865-1
nuart : 4097986
Edition 01

Édition : Claire Musters
Mise en pages : Helen McTeer
© Arnaud Descat pour l'agence MAP pour les photographies du Colutea page 184 et du Liatris Spicata page 185.
© Nicole et Patrick Mioulane pour l'agence MAP pour la photographie des dattes page 187.
Traduction : Catherine Bricout
Adaptation : Les Paoistes et Elisabeth Boyer
Achevé d'imprimer en Espagne chez Graficas Estella